普通高等教育"十一五"国家级规划教材

北大版长期进修汉语教材

Boya Chinese

Elementary

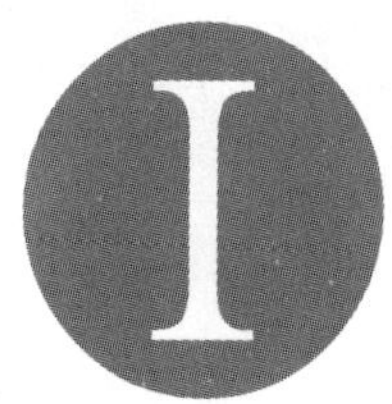

Second Edition | 第二版

博雅汉语·初级起步篇

Workbook 练习册

李晓琪 主编
任雪梅 编著

北京大学出版社
PEKING UNIVERSITY PRESS

目录 CONTENTS

Nǐ Hǎo
你好

一 写出下列词语的拼音 Write *Pinyin* for the following words

我_____ 老师_______ 你好_______

你_____ 名字_______ 不客气_______

她_____ 什么_______ 留学生_______

您_____ 谢谢_______ 我叫大卫_________

二 选词填空 Choose the appropriate word to fill in the blank

学生　老师　名字　谢谢

玛丽：你叫什么________？

李军：我叫李军。

玛丽：你是________吗？

李军：我不是老师，我是________。他是老师。

玛丽：________。

李军：不客气。

三 把下列句子改成否定句和疑问句
Change the following sentences into the negative and interrogative forms

例：你是学生。 → 你不是学生。 → 你是学生吗？

1. 她是老师。 → ________________ → ______________
2. 我是李军。 → ________________ → ______________
3. 我叫大卫。 → ________________ → ______________
4. 你是留学生。 → ________________ → ______________
5. 你好！ → ________________ → ______________

四 用所给词语写一段话 Write a short passage with the given words

叫，学生，老师

五 汉字练习 Chinese character exercises

1. 拆分汉字（左右结构） Chinese character structure analysis（Left-right Structure）

例：你 nǐ → 亻+ 尔

（1）好 hǎo →

（2）吗 ma →

（3）她 tā →

（4）什 shén →

（5）叫 jiào →

2. 汉字书写练习 Write the following characters

nǐ	丿 亻 亻' 亻' 竹 你 你								
你	你	你	你	你					

hǎo	㇛ 女 女 女' 好 好								
好	好	好	好	好					

shì	丨 冂 日 日 旦 早 早 昰 是								
是	是	是	是	是					

lǎo	一 十 土 耂 耂 老								
老	老	老	老	老					

shī	丨 刂 刂' 师 师 师								
师	师	师	师	师					

ma	丨 口 口 口 吗 吗								
吗	吗	吗	吗	吗					

bù	一 丆 不 不								
不	不	不	不	不					

wǒ	丿 二 于 手 我 我 我								
我	我	我	我	我					

xué	丶 丷 ⺍ ⺍ 𫩏 学 学 学								
学	学	学	学	学					

shēng	丿 𠂉 𠂉 牛 生								
生	生	生	生	生					

tā	𡿨 女 女 如 她 她								
她	她	她	她	她					

xiè	丶 讠 讠 讠 讠 讠 讠 讠 谄 谢 谢 谢								
谢	谢	谢	谢	谢					

kè	丶 丶 宀 宀 夕 安 客 客 客								
客	客	客	客	客					

Pinyin	Character
qì	气
nín	您
liú	留
jiào	叫
shén	什
me	么
míng	名
zì	字

2 你是哪国人

Nǐ Shì Nǎ Guó Rén

一 写出下列词语的拼音 Write *Pinyin* for the following words

哪 _____	同学 ______	一下儿 _______
国 _____	介绍 ______	加拿大 _______
人 _____	高兴 ______	老师好 ________
姓 _____	认识 ______	中国人 ________

二 选词填空 Choose the appropriate word to fill in the blank

哪国　同学　高兴　认识　介绍　美国

李军：我来________一下儿，他叫大卫，她叫张红。

大卫：你好！________你很高兴。

张红：我也很________。你是________人？

大卫：我是________人。

张红：你是老师吗？

大卫：不是，我是学生，我是玛丽的________。

三 用“也”“呢”改写句子 Rewrite the following sentences with 也 and 呢

例：我是学生。 → 我是学生，你呢？ → 我也是学生。

1. 他是老师。 → ________________ → ________________
2. 我是美国人。 → ________________ → ________________
3. 我不是留学生。→ ________________ → ________________
4. 玛丽很高兴。 → ________________ → ________________
5. 李军很好。 → ________________ → ________________

四 用所给词语写一段话 Write a short passage with the given words

介绍，姓，叫，
×国人，认识，
很高兴

五 汉字练习 Chinese character exercises

1. 拆分汉字（上下结构） Chinese character structure analysis （Top-bottom Structure）

例：您 nín → 你 + 心

（1）客 kè →

（2）学 xué →

（3）字 zì →

（4）李 lǐ →

（5）军 jūn →

2. 汉字书写练习 Write the following characters

yī	一
一	一 一 一 一

xià	一 丅 下
下	下 下 下 下

ér	丿 儿
儿	儿 儿 儿 儿

xìng	𡿨 女 女 女' 女' 女 𠂉 姓 姓
姓	姓 姓 姓 姓

de	′ 亻 白 白 白 白′ 的 的
的	的 的 的 的

nǎ	丨 口 口 叨 叨 叨 明 哪 哪
哪	哪 哪 哪 哪

guó	丨 冂 冂 冃 冃 国 国 国
国	国 国 国 国

rén	丿 人
人	人 人 人 人

tā	丿 亻 仁 仲 他
他	他 他 他 他

rèn	丶 讠 订 认
认	认 认 认 认

shí	丶 讠 讠 订 讵 识 识
识	识 识 识 识

hěn	丿 彡 彳 彳 彳 彳 很 很 很
很	很 很 很 很

gāo	丶 亠 亠 亩 亩 亩 高 高 高 高
高	高 高 高 高

xìng	丶 丷 丷 兴 兴 兴
兴	兴 兴 兴 兴

yě	乛 𠃌 也
也	也 也 也 也

ne	丨 口 口 叩 叩 呎 呎 呢
呢	呢 呢 呢 呢

Nà Shì Nǐ de Shū ma
那是你的书吗

一 写出下列词语的拼音 Write *Pinyin* for the following words

那______　　汉语______　　汉日词典______________

谁______　　日语______　　音乐杂志______________

书______　　课本______　　中国同屋______________

这______　　朋友______　　日本留学生______________

二 选词填空 Choose the appropriate word to fill in the blank

汉语　课本　词典　同屋

玛丽：这是什么词典？

中村：这是汉语________。

玛丽：那也是________词典吗？

中村：不是，那是日语________。

玛丽：那是谁的日语课本？

中村：是我________的课本。

杂志　音乐　朋友

大卫：这是什么________？

李军：这是________杂志。

大卫：是你的杂志吗？

李军：不是，是我________的杂志。

三 用"什么""谁"改写句子 Rewrite the following sentences with 什么 and 谁

例：日语课本

A：这是什么课本？　　A：这是谁的课本？

B：日语课本。　　B：是我朋友的课本。

1. 汉语书

A: ____________　　A: ____________

B: ____________　　B: ____________

2. 音乐杂志

A: ____________　　A: ____________

B: ____________　　B: ____________

3. 汉语老师

A: ____________　　A: ____________

B: ____________　　B: ____________

四 用所给词语写一段话 Write a short passage with the given words

这，汉语，课本，谁，

词典，朋友，同屋

五 汉字练习 Chinese character exercises

1. 拆分汉字 （左中右）

Chinese character structure analysis （Left-middle-right Structure）

例：哪 nǎ → 口 + 刃 + 阝

（1）谢 xiè →

（2）谁 shéi →

（3）娜 nà →

（4）棚 péng →

（5）做 zuò →

2. 汉字书写练习 Write the following characters

nà	㇆ 刁 ⺕ 刃 刃⻏ 那
那	那 那 那 那

shéi/shuí	丶 讠 讠 讠 讠 讠 讠 讠 讠 谁
谁	谁 谁 谁 谁

shū	㇕ ㇆ 书 书
书	书 书 书 书

wū	㇕ ㇕ 尸 尸 屋 屋 屋 屋 屋
屋	屋 屋 屋 屋

hàn	丶 丶 氵 汈 汉
汉	汉 汉 汉 汉

yǔ	丶 讠 讠一 讠丅 讠五 语 语 语 语	语	语 语 语 语
kè	丶 讠 讠丨 讠冂 讠日 讠旦 讠旦 课 课 课	课	课 课 课 课
běn	一 十 才 木 本	本	本 本 本 本
cí	丶 讠 讠𠃌 讠司 词 词 词	词	词 词 词 词
diǎn	丨 冂 冂 由 曲 典 典 典	典	典 典 典 典
jiù	丶 亠 亠 亡 古 亨 亨 京 京 京 就 就	就	就 就 就 就
rì	丨 冂 月 日	日	日 日 日 日
zhè	丶 亠 亠 文 文 这 这	这	这 这 这 这

zá	丿 九 九 杂 杂 杂
杂	杂 杂 杂 杂

zhì	一 十 士 志 志 志 志
志	志 志 志 志

yīn	丶 亠 亠 立 立 音 音 音 音
音	音 音 音 音

yuè	乛 乚 乐 乐 乐
乐	乐 乐 乐 乐

péng	丿 刀 月 月 朋 朋 朋 朋
朋	朋 朋 朋 朋

yǒu	一 ナ 方 友
友	友 友 友 友

Túshūguǎn Zài Nǎr 图书馆在哪儿

一 写出下列词语的拼音 Write *Pinyin* for the following words

在 _____ 知道 _____ 图书馆 _________

楼 _____ 教学 _____ 对不起 _________

左 _____ 宿舍 _____ 没关系 _________

右 _____ 学校 _____ 不用谢 _________

二 选词填空 Choose the appropriate word to fill in the blank

图书馆 哪儿 请问 不用谢

大卫：________，教学楼在________？

学生：在那儿，左边的楼就是。

大卫：是红色（hóngsè，red）的楼吗？

学生：不是，红色的是________，白色（báisè，white）的是教学楼。

大卫：谢谢。

学生：________。

宿舍 请问 知道 对不起 没关系

玛丽：________，留学生________在哪儿？

学生：________，我不________。

玛丽：________。

三 用 "哪儿" 和所给方位词改写句子

Rewrite the following sentences with 哪儿 and the given words

例：图书馆 / 教学楼 右边

A：图书馆在哪儿？ B：图书馆在教学楼的右边。

1. 留学生宿舍 / 中国学生宿舍 西边

A: ______________________ B: ______________________

2. 大卫 / 玛丽 左边

A: ______________________ B: ______________________

3. 日本 / 中国 东边

A: ______________________ B: ______________________

4. 汉语课本 / 音乐杂志 下边（xiàbian, under）

A: ______________________ B: ______________________

四 用所给词语写一段话 Write a short passage with the given words

学校，左边，右边，
教学楼，在，是，
图书馆

五 汉字练习 Chinese character exercises

1. 拆分汉字 （全包围） Chinese character structure analysis （All-round Enclosure）

例：国 guó →口＋玉

（1）回 huí →

（2）图 tú →

（3）园 yuán→

（4）困 kùn →

2. 汉字书写练习 Write the following characters

qǐng	丶 讠 讠 讠 讠 讠 讠 请 请 请
请	请 请 请 请

wèn	丶 丨 门 问 问 问
问	问 问 问 问

tú	丨 冂 冂 冈 冈 冈 图 图
图	图 图 图 图

guǎn	丿 ⺈ 饣 饣 饣 饣 饣 饣 馆 馆 馆
馆	馆 馆 馆 馆

zài	一 ナ 𠂇 在 在 在
在	在 在 在 在

duì	㇇ 又 又 对 对								
对	对	对	对	对					

qǐ	一 十 土 丰 丰 走 走 起 起 起								
起	起	起	起	起					

gè	丿 人 个								
个	个	个	个	个					

xiào	一 十 才 木 木 杧 杧 杧 杬 校								
校	校	校	校	校					

zhī	丿 𠂉 ⺧ 矢 矢 知 知 知								
知	知	知	知	知					

dào	丶 丷 䒑 䒑 产 首 首 首 首 道 道 道								
道	道	道	道	道					

méi	丶 冫 氵 氵 沪 没 没								
没	没	没	没	没					

guān	丶 丷 䒑 兰 关 关								
关	关	关	关	关					

xì	一 𠃋 幺 幺 [illegible]villa 系 系 系
系	系 系 系 系

jiào	一 十 土 耂 耂 考 孝 孝 孝 教 教
教	教 教 教 教

lóu	一 十 才 木 木 木 栏 栏 栏 楼 楼 楼 楼
楼	楼 楼 楼 楼

sù	丶 丶 宀 宀 宀 宀 宀 宀 宿 宿 宿
宿	宿 宿 宿 宿

shè	丿 人 人 亼 全 全 舍 舍
舍	舍 舍 舍 舍

běi	丨 𠂉 丬 北 北
北	北 北 北 北

biān	𠃌 力 力 边 边
边	边 边 边 边

zuǒ	一 ナ 𠂇 左 左
左	左 左 左 左

yòu	一ナオ右右								
右	右	右	右	右					

yòng	丿刀月月用								
用	用	用	用	用					

Zài Běijīng Dàxué de Dōngbian
在北京大学的东边

一 写出下列词语的拼音 Write *Pinyin* for the following words

有 _____ 教室 _____ 中文系 ______

去 _____ 专业 _____ 研究生 ______

对 _____ 时候 _____ 卫生间 ______

玩儿 _____ 欢迎 _____ 国际关系 ________

二 选词填空 Choose the appropriate word to fill in the blank

专业 研究生 国际 有空儿 欢迎 名字 中文

李军：你叫什么________？

张红：我叫张红，你呢？

李军：我叫李军。你的________是什么？

张红：我的专业是现代文学，我是________系的________。你呢？

李军：我的专业是________关系。________的时候________你去玩儿。

张红：谢谢。

三 把词语放在句中合适的位置

Place the given word where it belongs to the sentence

1. A 我 B 是 C 美国留学生，D 我是加拿大留学生。（不）
2. A 那 B 是 C 的 D 汉语书？（谁）
3. 刘明 A 是 B 中国人，C 李军 D 是中国人。（也）
4. 张红 A 是 B 清华大学 C 中文系 D 研究生。（的）
5. A 北京大学的 B 图书馆 C 宿舍楼的 D 东边。（在）

四 用指定词语完成句子 Complete the following sentences with the given words

1. 这不是我的书，________________？（吗）

2. 我的专业是国际关系，＿＿＿＿＿＿＿＿？（什么）
3. 这儿不是图书馆，＿＿＿＿＿＿＿＿？（哪儿）
4. 这是宿舍楼，＿＿＿＿＿＿＿＿。（旁边）
5. 那不是我的词典，＿＿＿＿＿＿＿＿？（谁）

五 模仿写一段话 Write a short passage in accordance with that of the example

我姓中村，叫中村优美（Yōuměi, *a Japanese name*）。我是日本人，现在（xiànzài, now）是北京大学中文系的研究生，我的专业是中国文学。她叫玛丽，是加拿大人，她是我的同屋，也是我的朋友。这是我们的学校，这是教学楼，这是图书馆。我们的宿舍楼在图书馆的西边。

六 汉字练习 Chinese character exercises

1. 根据偏旁组字 Write characters with the given radicals

例：讠 → 课

（1）女 → ______、______、______

（2）讠 → ______、______、______

（3）亻 → ______、______、______

（4）口 → ______、______、______

2. 汉字书写练习 Write the following characters

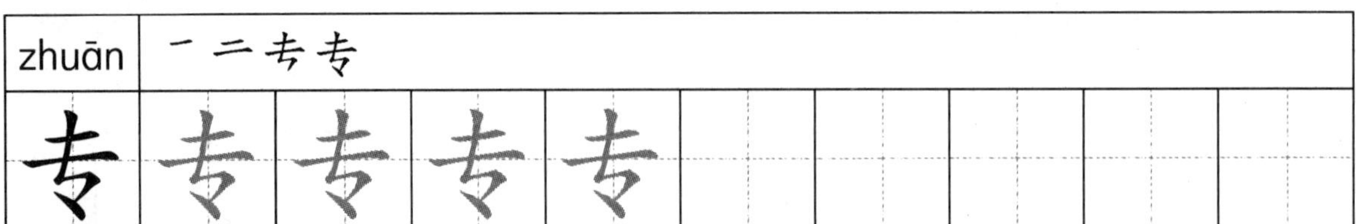

yè	丨 丨丨 丨丨 丨丨丶 业
业	业 业 业 业

jì	阝 阝 阝一 阝二 阡 阡 际
际	际 际 际 际

zhōng	丨 冂 口 中
中	中 中 中 中

wén	丶 亠 亣 文
文	文 文 文 文

yán	一 丆 𠂆 石 石 石一 石二 矸 研								
研	研	研	研	研					

jiū	丶 ⺀ 宀 宀 穴 穷 究								
究	究	究	究	究					

xiàn	一 二 千 王 玐 玑 玑 现								
现	现	现	现	现					

dài	丿 亻 仁 代 代								
代	代	代	代	代					

dōng	一 𠃋 车 东 东								
东	东	东	东	东					

yǒu	一 ナ 𠂇 有 有 有								
有	有	有	有	有					

kòng	丶 ⺀ 宀 宀 穴 空 空 空								
空	空	空	空	空					

shí	丨 冂 月 日 日一 时 时								
时	时	时	时	时					

hòu	丿 亻 亻 亻 亻 亻 亻 亻 亻 候
候	候 候 候 候

huān	㇇ 又 又 对 对 欢
欢	欢 欢 欢 欢

yíng	′ ⺁ 卬 卬 卬 卬 迎
迎	迎 迎 迎 迎

qù	一 十 土 去 去
去	去 去 去 去

wán	一 二 干 王 王 王 玩 玩
玩	玩 玩 玩 玩

wèi	㇆ 卩 卫
卫	卫 卫 卫 卫

jiān	丶 冂 门 门 问 间 间
间	间 间 间 间

shì	丶 宀 宀 宀 宀 宀 宀 宀 室
室	室 室 室 室

páng	丶 亠 亣 亣 产 产 产 产 旁 旁

旁	旁	旁	旁	旁					

xī	一 丆 冂 丙 襾 西

西	西	西	西	西					

Xiànzài Jǐ Diǎn
现在几点

一 写出下列词语的拼音 Write *Pinyin* for the following words

几 _____　　现在 ______　　差一刻 _______

点 _____　　讲座 ______　　太早了 _______

半 _____　　上课 ______　　一会儿 ________

见 _____　　开始 ______　　大部分 ________

二 选词填空 Choose the appropriate word to fill in the blank

现在　开始　讲座　一会儿

张红：________几点？

李军：五点半。

张红：________几点开始？

李军：讲座六点________。

张红：________见。

部分　上课　下课

大卫：明天你几点________？

李军：八点。

大卫：几点________？

李军：中午十二点下课。

大卫：中国的大学都是八点上课吗？

李军：大________都是。

三 用汉语的数字写出下面的时间 Write the following time with Chinese characters

例：3 : 00 pm → 下午三点

（1）8 : 15 am → ______________

（2）9 : 55 pm → ______________

（3）10 : 45 am → ______________

（4）5 : 30 pm → ______________

（5）6 : 10 am → ______________

四 用所给词语写一段话 Write a short passage with the given words

6 : 10 起床 （qǐ chuáng, to get up）	
7 : 30 吃早饭 （chī zǎofàn, to have breakfast）	
8 : 00 上课	
12 : 00 下课	
18 : 00 听讲座	
21 : 00 写作业	
23 : 00 睡觉	

五 汉字练习 Chinese character exercises

1. 拆分汉字 （半包围） Chinese character structure analysis （Partial Enclosure）

例：这 zhè →辶+文

（1）边 biān →

（2）道 dào →

（3）迎 yíng →

（4）过 guò →

（5）起 qǐ →

2. 汉字书写练习 Write the following characters

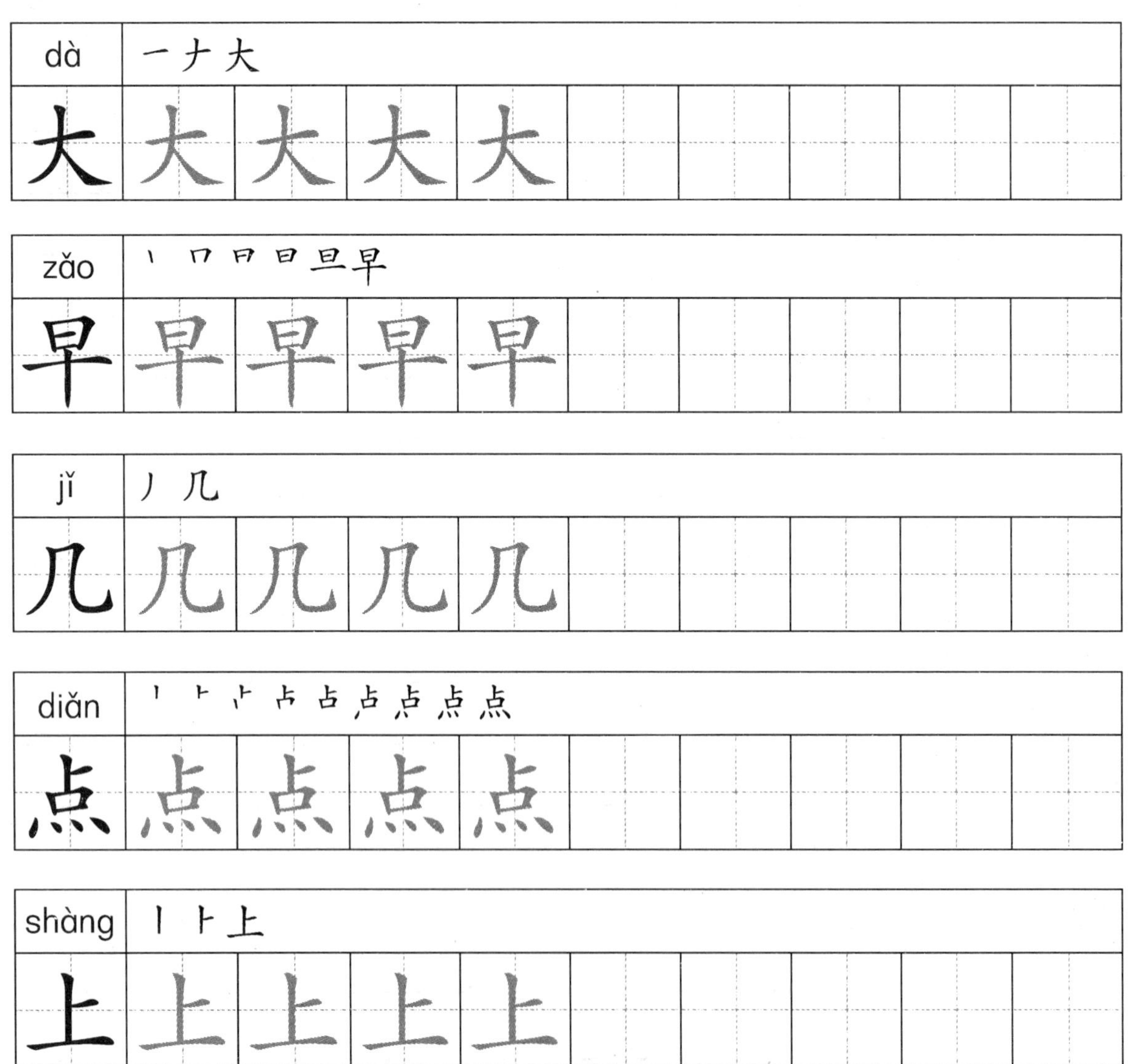

bù	丶 亠 亠 亣 立 产 音 音 音阝 部								
部	部	部	部	部					

fēn	丿 八 分 分								
分	分	分	分	分					

jiǔ	丿 九								
九	九	九	九	九					

bā	丿 八								
八	八	八	八	八					

wǔ	一 丆 五 五								
五	五	五	五	五					

shí	一 十								
十	十	十	十	十					

bàn	丶 丷 丷 兰 半								
半	半	半	半	半					

tài	一 ナ 大 太								
太	太	太	太	太					

le	了了
了	了 了 了 了

jiǎng	丶 讠 讠一 讠二 讠キ 讲
讲	讲 讲 讲 讲

zuò	丶 亠 广 广 庂 庂 庂 庅 座 座
座	座 座 座 座

kāi	一 二 チ 开
开	开 开 开 开

shǐ	𡿨 女 女 女 女 女 始 始
始	始 始 始 始

liù	丶 亠 六 六
六	六 六 六 六

chà	丶 丷 䒑 兰 兰 差 差 差 差
差	差 差 差 差

kè	丶 亠 亠 亥 亥 亥 刻 刻
刻	刻 刻 刻 刻

huì	ノ 人 亼 亼 会 会								
会	会	会	会	会					

jiàn	丨 冂 贝 见								
见	见	见	见	见					

Míngtiān Nǐ Yǒu Kè ma
明天你有课吗

一 写出下列词语的拼音 Write *Pinyin* for the following words

事 _____ 后边 ______ 自行车 _______

里 _____ 可是 ______ 没问题 _______

时间 _____ 当然 ______ 电影院 ________

听说 _____ 有名 ______ 今天晚上 _________

二 选词填空 Choose the appropriate word to fill in the blank

今天 明天 上午 下午 晚上

5月1日 6：00 am → （五月一日早上六点） → （今天早上六点）

5月1日 9：00 am → ________________ → ________________

5月2日 4：30 pm → ________________ → ________________

6月12日 8：15 am → ________________ → ________________

6月13日 8：45 pm → ________________ → ________________

没有 可是 听说 有名 当然 没关系

玛丽：今天晚上你有事吗？

中村：________。

玛丽：________学校的电影院有好电影，你去吗？

中村：是什么电影？

玛丽：不知道，大卫说是很________的电影。

中村：我________想去，________明天上午有考试（kǎoshì，test）。对不起呀！

玛丽：________。

三 把下列句子改成否定句和疑问句

Change the following sentences into the negative and interrogative forms

例：你有汉语课本。 → 你没有汉语课本。 → 你有汉语课本吗？

1. 中村有汉日词典。→ ____________ → ____________
2. 大卫有中国朋友。→ ____________ → ____________
3. 我有自行车。 → ____________ → ____________
4. 他有音乐杂志。 → ____________ → ____________
5. 老师晚上有讲座。→ ____________ → ____________

四 用所给词语写一段话 Write a short passage with the given words

上午，有，课，下午，自行车，晚上，电影，有名，讲座，可是，当然

五 汉字练习 Chinese character exercises

1. 拆分汉字（左右结构） Chinese character structure analysis （Left-right Structure）

例：课 kè → 讠+果

（1）那 nà →

（2）部 bù →

（3）院 yuàn →

（4）际 jì →

（5）都 dōu →

2. 汉字书写练习 Write the following characters

míng	丨 冂 月 日 明 明 明 明									
明	明	明	明	明						

tiān	一 二 于 天									
天	天	天	天	天						

wǔ	ノ 𠂉 𠂉 午									
午	午	午	午	午						

zì	′ 丨 白 白 自 自									
自	自	自	自	自						

xíng	ノ 彡 彳 彳 行 行									
行	行	行	行	行						

chē	一 𠂉 𠂉 车
车	车 车 车 车

ba	丨 口 口 口 叩 叩 吧
吧	吧 吧 吧 吧

shì	一 ... 事
事	事 事 事 事

kě	一 ... 可
可	可 可 可 可

tí	丨 口 日 日 旦 早 早 ... 是 ... 题 题 题
题	题 题 题 题

yào	丿 ... 钥 钥 钥
钥	钥 钥 钥 钥

shi	丨 口 日 日 旦 早 早 ... 是 ... 匙
匙	匙 匙 匙 匙

péng	一 十 才 木 ... 棚 棚 棚
棚	棚 棚 棚 棚

lǐ	丶 冂 日 曰 旦 甲 里
里	里 里 里 里

hòu	一 厂 尸 斤 后 后
后	后 后 后 后

jīn	丿 人 亼 今
今	今 今 今 今

wǎn	丨 冂 月 日 日' 日' 旷 晗 晗 睁 晚
晚	晚 晚 晚 晚

diàn	丶 冂 日 曰 电
电	电 电 电 电

yǐng	丶 冂 日 日 旦 早 早 昌 昌 景 景 景 景 影 影
影	影 影 影 影

yuàn	阝 阝 阝 阝 阝 阝 阝 陉 院
院	院 院 院 院

tīng	丶 口 口 口' 叮 吁 听
听	听 听 听 听

shuō	丶 讠 讠' 讠'' 讠ˇ 讠ˇ 讠ˇ 讠ˇ 说								
说	说	说	说	说					

dāng	丨 丬 ⺌ 当 当 当								
当	当	当	当	当					

rán	丿 ク 夕 夕 夕 外 犬 犬 然 然 然 然								
然	然	然	然	然					

Nǐ de Diànhuà Hàomǎ Shì Duōshao
你的电话号码是多少

一 写出下列词语的拼音 Write *Pinyin* for the following words

路 _____ 周末 ______ 电话号码 _______

都 _____ 房间 ______ 公共汽车 _______

骑 _____ 校园 ______ 怎么走 ________

快 _____ 手机 ______ 十五分钟 ________

二 用合适的词填空 Fill in the blanks with appropriate words

骑 ______ 走 ______ 等 ______ 到 ______ 去 ______

欢迎 ______ 介绍 ______ 认识 ______ 知道 ______

三 选词填空 Choose the appropriate word to fill in the blank

多少 怎么 什么 哪儿 吗 吧

李军：这个周末你有空儿________？

张红：有。________事？

李军：你到我们宿舍来玩儿________。

张红：你们宿舍在________？

李军：在校园的南边。南 6 号楼 201 室。

张红：去你们宿舍________走？

李军：在南门旁边。你的手机号码是________？有事打电话吧。

张红：好吧。

四 用指定词语改写句子 Rewrite the following sentences with the given words

例：我是学生，他是学生。（也）

我是学生，他也是学生。

1. 他的手机号码是13817941025。（多少）

____

2. 大卫明天有课，玛丽明天也有课。（都）

____

3. 我们学校早上八点上课。（几）

____

4. 你骑车来我们学校吧。（怎么）

____

5. 晚上有空儿，我们去看电影。（吧）

____

五 模仿写一段话 Write a short passage in accordance with that of the example

我的中国朋友张红是中华大学的研究生，她的宿舍楼在校园的东南边，房间号码是东5号楼502室。她的手机号码是63867529。我没有手机，可是我的朋友有，号码是13645780132。这个周末我去张红的学校玩儿。

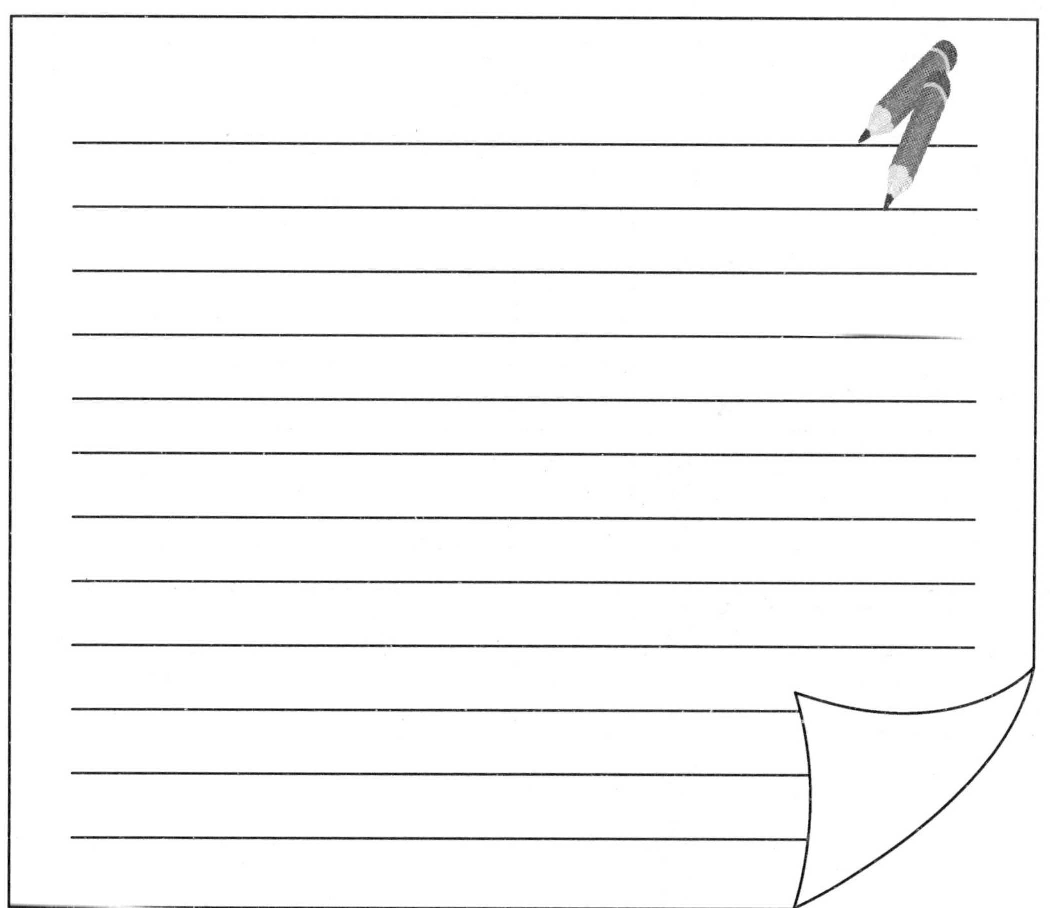

六 汉字练习 Chinese character exercises

1. 拆分汉字 Chinese character structure analysis

例：都 dōu → 者 + 阝

（1）校 xiào →

（2）楼 lóu →

（3）机 jī →

（4）棚 péng →

（5）李 lǐ →

2. 汉字书写练习 Write the following characters

zǒu	一 十 土 牛 丰 走 走								
走	走	走	走	走					

lù	丶 口 口 早 早 足 足 趴 趵 跤 跤 路 路								
路	路	路	路	路					

hé	一 二 千 千 禾 禾 和 和								
和	和	和	和	和					

gōng	丿 八 公 公								
公	公	公	公	公					

gòng	一 十 廾 土 共 共								
共	共	共	共	共					

qì	丶 冫 氵 氵 汽 汽 汽								
汽	汽	汽	汽	汽					

dōu	一 十 土 耂 耂 者 者 者 都 都								
都	都	都	都	都					

dào	一 工 五 至 至 至 到 到								
到	到	到	到	到					

骑	qí	㇆ 马 马 马 马 马 马 马 骑 骑 骑
快	kuài	丶 丷 忄 忄 忄 快 快
钟	zhōng	ノ 𠂉 𠂉 钅 钅 钅 钟 钟 钟
园	yuán	丨 冂 冂 冂 冂 园 园
南	nán	一 十 十 冇 冇 冇 南 南 南
房	fáng	丶 ⺈ 彐 户 户 户 房 房
多	duō	ノ ク 夕 夕 多 多
少	shǎo	丨 ⺌ 小 少

huà	丶 讠 讠' 讠' 讦 讦 话 话								
话	话	话	话	话					

hào	丨 ㄇ 口 口 号								
号	号	号	号	号					

mǎ	一 厂 不 石 石 石 码 码								
码	码	码	码	码					

shǒu	一 二 三 手								
手	手	手	手	手					

jī	一 十 才 木 机 机								
机	机	机	机	机					

děng	丿 𠂉 𥫗 𥫗 𥫗 𥫗 笁 笁 笙 笙 等 等								
等	等	等	等	等					

9 Duōshao Qián Yì Píng 多少钱一瓶

一 写出下列词语的拼音 Write *Pinyin* for the following words

钱 _____ 啤酒 _____ 多少钱 _______

买 _____ 师傅 _____ 一瓶水 _______

看 _____ 零钱 _____ 小词典 ________

要 _____ 一共 _____ 两块三 ________

二 选词填空 Choose the appropriate word to fill in the blank

买 要 再 给 本 一共 零钱

售货员：你________什么？

玛 丽：我________两________课本，________买一本小词典。

售货员：________是八十二块。

玛 丽：________你钱。对不起，我没有________。

售货员：没关系。

三 请写出下列钱数 Write the following money with Chinese characters

例：12.35 元 → 十二块三毛五

1. 64.53 元 ______________

2. 87.91 元 ______________

3. 74.38 元 ______________

4. 2.98 元 ______________

四 用合适的量词填空，并改成问句

Fill in the blanks with appropriate measure words and change them into questions

例：我买三 _____ 啤酒。 → 我买三瓶啤酒。→ 你买几瓶啤酒？

1. 她要二十 _____ 课本。 → →
2. 中村有十五 _____ 杂志。→ →
3. 玛丽有一 _____ 自行车。→ →
4. 21_____ 公共汽车到我们学校。→ →
5. 他给我 89_____ 钱。 → →

五 模仿写一段话 Write a short passage in accordance with that of the example

北京大学的书店（shūdiàn, bookstore）有很多书，有汉语书、日语书，有《汉英词典》、《汉日词典》，还有中国音乐杂志。汉语课本一本六十块，《汉英词典》一本八十块，杂志一本十五块。玛丽要买两本课本、一本词典和两本杂志，一共要多少钱？

六 汉字练习 Chinese character exercises

1. 拆分汉字 Chinese character structure analysis

例：法 fǎ → 氵+去

（1）酒 jiǔ →

（2）汉 hàn →

（3）汽 qì →

（4）没 méi →

（5）泳 yǒng →

2. 汉字书写练习 Write the following characters

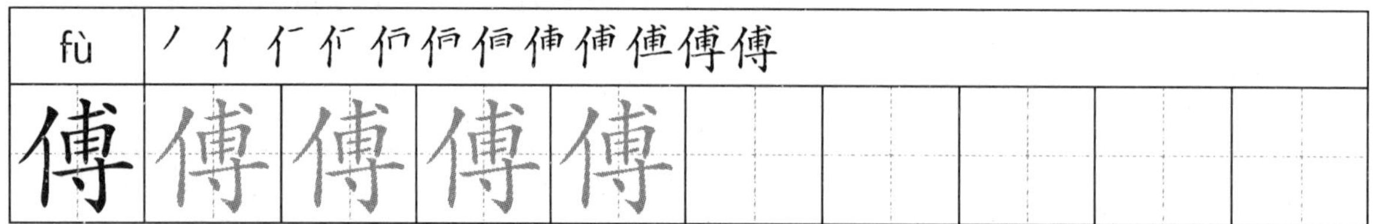

mǎi				
买	买	买	买	买

pí				
啤	啤	啤	啤	啤

jiǔ				
酒	酒	酒	酒	酒

shòu				
售	售	售	售	售

huò	丿 亻 亻 化 化 货 货 货
货	货 货 货 货

yuán	丶 口 口 尸 吕 员 员
员	员 员 员 员

píng	丶 丷 丷 兰 兰 并 并 瓶 瓶 瓶
瓶	瓶 瓶 瓶 瓶

qián	丿 𠂉 𠂉 𠂉 钅 钅 钅 钱 钱 钱
钱	钱 钱 钱 钱

kuài	一 十 土 圠 圠 块 块
块	块 块 块 块

liǎng	一 厂 冂 丙 丙 两 两
两	两 两 两 两

zài	一 厂 冂 丙 丙 再
再	再 再 再 再

shuǐ	亅 才 水 水
水	水 水 水 水

máo	ノ 二 三 毛
毛	毛 毛 毛 毛

gěi	𠃋 纟 纟 纟 纟 纷 给 给 给
给	给 给 给 给

xiǎo	亅 小 小
小	小 小 小 小

jiě	𡿨 女 女 如 如 如 姐 姐
姐	姐 姐 姐 姐

kàn	一 二 三 手 手 看 看 看 看
看	看 看 看 看

xiē	丨 卜 止 止 止 此 此 些
些	些 些 些 些

yào	一 冂 冖 而 西 西 要 要 要
要	要 要 要 要

líng	一 冖 冖 币 币 雨 雨 雨 雫 雫 雫 零 零
零	零 零 零 零

10 你家有几口人

Nǐ Jiā Yǒu Jǐ Kǒu Rén

一 写出下列词语的拼音 Write *Pinyin* for the following words

家庭 ______ 照片 ______ 一般 ______ 孩子 ______

爷爷 ______ 奶奶 ______ 爸爸 ______ 妈妈 ______

哥哥 ______ 姐姐 ______ 弟弟 ______ 妹妹 ______

一口人 ____________ 一条狗 ____________

二 选词填空 Choose the appropriate word to fill in the blank

家庭　奶奶　妈妈　孩子　照片　一般　口　还　一共

现在，中国家庭________只有一个孩子，大家庭很少。这是一个大________的________。他们家________有六________人。爷爷、________、爸爸、________和两个________。当然，________有一条小狗。

三 就画线部分改写问句 Change the following sentences into questions

例：我家有<u>五</u>口人。　→你家有几口人？

1. 我们学校<u>八点</u>上课。

____

2. 我明天<u>没有</u>课。

____

3. 我的自行车在<u>楼下</u>。

____

4. 我的电话号码是<u>13845630521</u>。

____

5. 大卫要一瓶啤酒和两瓶水，一共<u>二十块</u>。

____

6. 张红的宿舍是 502 室。

____

四 用所给词语写一段话 Write a short passage with the given words

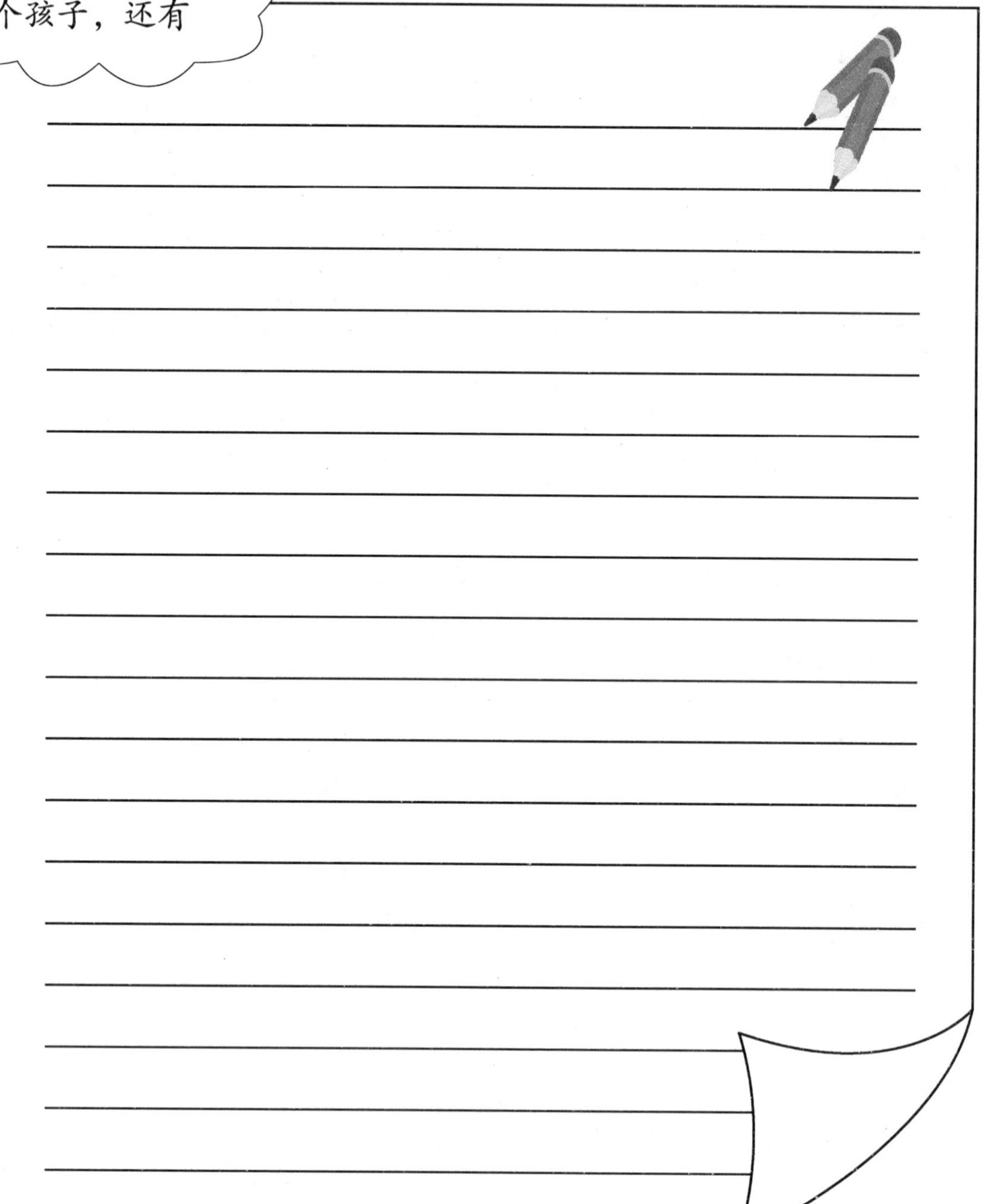

五 汉字练习 Chinese character exercises

1. 拆分汉字 Chinese character structure analysis

例：家 jiā →宀+豕

（1）室 shì →

（2）客 kè →

（3）字 zì →

（4）宿 sù →

（5）安 ān →

2. 根据偏旁组字 Write characters with the given radicals

（1）阝→ ________、________、________、________

（2）讠→ ________、________、________、________

（3）木→ ________、________、________、________

（4）女→ ________、________、________、________

3. 汉字书写练习 Write the following characters

zhào	丨 П 日 日 日⁊ 日ㄗ 日ㄗ 昭 昭 昭 照 照 照								
照	照	照	照	照					

piàn	丿 丿' 片 片								
片	片	片	片	片					

jiā	丶 丶' 宀 宀 宁 宇 宇 家 家 家								
家	家	家	家	家					

kǒu	丨 ㄇ 口								
口	口	口	口	口					

yé	ノ 八 父 父 爷 爷								
爷	爷	爷	爷	爷					

nǎi	ㄑ 女 女 奶 奶								
奶	奶	奶	奶	奶					

bà	ノ 八 父 父 父 爷 爸 爸								
爸	爸	爸	爸	爸					

mā	ㄑ 女 女 女 妈 妈								
妈	妈	妈	妈	妈					

gē	一 丅 可 可 可 哥 哥 哥 哥 哥								
哥	哥	哥	哥	哥					

tíng	丶 亠 广 广 庄 庄 庭 庭 庭								
庭	庭	庭	庭	庭					

bān	ノ 丿 月 月 舟 舟 舟 舟 船 般								
般	般	般	般	般					

zhǐ	丨 冂 口 只 只								
只	只	只	只	只					

hái	㇇ 了 子 孑 孑 孑 孩 孩 孩
孩	孩 孩 孩 孩

zǐ	㇇ 了 子
子	子 子 子 子

dì	丶 丷 当 当 弟 弟 弟
弟	弟 弟 弟 弟

mèi	ㄑ 女 女 女 女 妹 妹 妹
妹	妹 妹 妹 妹

hái	一 ア 不 不 不 还 还
还	还 还 还 还

tiáo	ノ ク 夂 冬 条 条 条
条	条 条 条 条

gǒu	ノ 犭 犭 犭 狗 狗 狗 狗
狗	狗 狗 狗 狗

yàng	一 十 才 木 木 木 栏 栏 栏 样
样	样 样 样 样

Běijīng de Dōngtiān Bǐjiào Lěng
北京的冬天比较冷

一 写出下列词语的拼音 Write *Pinyin* for the following words

冬天 _____ 季节 _____ 天气 _____ 风雨 _____

舒服 _____ 喜欢 _____ 游泳 _____ 下雪 _____

怎么样 _______ 比较热 _______

差不多 _______ 零下十五度 __________

二 写出下列各词的反义词 Write the antonyms for the following words

冷—（ ） 东—（ ） 南—（ ） 早上—（ ） 上午—（ ）

春天—（ ） 冬天—（ ） 老师—（ ） 上课—（ ）

三 选词填空 Choose the appropriate word to fill in the blank

比较 常常 不太 怎么样 差不多 喜欢 最

1. 北京的春天_______有风。
2. 今天是二十四度，_______热。
3. 我_______中国音乐，也喜欢日本音乐，_______喜欢美国音乐。
4. A：今天的天气_______？

   B：_______好，晴天，没有风。

   A：多少度？

   B：_______十八度。

春天 夏天 秋天 冬天 冷 热 舒服 季节

北京的_______有风，夏天比较_______，_______不常下雪。_______是最_______的季节，不太_______也不太热，也是我最喜欢的_______。

四 用指定词语改写句子 Rewrite the following sentences with the given words

例：今天晴天，明天晴天。（都）

今天和明天都是晴天。

1. 周末的时候我去朋友家。（常常）

____

2. 一本《现代汉语词典》80 块钱。（差不多）

____

3. 大卫的汉语很好。（最）

____

4. 今天的天气很好，不太冷也不太热。（不 A 不 B）

____

5. 东方大学早上八点上课，太早了！（比较）

____

五 用所给词语写一段话 Write a short passage with the given words

春天，夏天，秋天，冬天，冷，热，舒服，风，雨，雪，最喜欢，季节

我家乡（jiāxiāng，hometown）的天气

六 汉字练习 Chinese character exercises

1. 拆分汉字 Chinese character structure analysis

例：最 zuì → 日 + 取

（1）春 chūn →

（2）晴 qíng →

（3）时 shí →

（4）明 míng →

（5）早 zǎo →

2. 汉字书写练习 Write the following characters

fēng	丿 几 风 风

风	风	风	风	风					

yǔ	一 丆 门 币 币 雨 雨 雨

雨	雨	雨	雨	雨					

lěng	丶 冫 冫 冫 冫 冷 冷

冷	冷	冷	冷	冷					

dù	丶 亠 广 广 庐 庐 庐 度 度

度	度	度	度	度					

qíng	丨 冂 日 日 日 日 日 日 旽 晴 晴 晴

晴	晴	晴	晴	晴					

qiū	丿 二 千 千 禾 禾 禾 利 秋

秋	秋	秋	秋	秋					

rè	一 十 扌 扌 执 执 执 执 热 热

热	热	热	热	热					

shū	丿 人 人 스 今 全 舍 舍 舍 舒 舒 舒

舒	舒	舒	舒	舒					

fú	服	丿 月 月 月 肌 肌 服 服	服 服 服 服
zuì	最	丨 冂 日 日 旦 旦 早 早 最 最 最 最	最 最 最 最
jì	季	一 二 千 禾 禾 季 季 季	季 季 季 季
jié	节	一 十 艹 节 节	节 节 节 节
dōng	冬	丿 夂 夂 冬 冬	冬 冬 冬 冬
bǐ	比	一 上 比 比	比 比 比 比
jiào	较	一 𠄌 车 车 车 轳 轳 较 较 较	较 较 较 较
cháng	常	丨 丷 丷 ⺌ 尚 尚 尚 尚 常 常 常	常 常 常 常

拼音	汉字	描红			
xuě	雪	雪	雪	雪	雪
xǐ	喜	喜	喜	喜	喜
xià	夏	夏	夏	夏	夏
yóu	游	游	游	游	游
yǒng	泳	泳	泳	泳	泳
chūn	春	春	春	春	春

Nǐ Zài Gàn Shénme ne
你在干什么呢

一 写出下列词语的拼音 Write *Pinyin* for the following words

正在 ______ 每天 ______ 星期三 ______

书店 ______ 酒吧 ______ 喝咖啡 ______

对面 ______ 听写 ______ 做作业 ______

自己 ______ 所以 ______ 唱歌 ______

二 用合适的词填空 Fill in the blanks with appropriate words

喝 ______ 做 ______ 干 ______ 回 ______ 唱 ______

下 ______ 买 ______ 给 ______ 喜欢 ______

三 选词填空 Choose the appropriate word to fill in the blank

正在 所以 每天 对面 作业 回 唱 从

1. ______星期一到星期五，我们______都有课，______每天都有______。
2. 我们______上课呢，你去书店______的酒吧等我吧。
3. 他们在______歌呢，差不多十点______宿舍。

四 用指定词语完成对话 Complete the dialogues with the given words

例：A：你在干什么呢？

B：我正在做作业呢。（正在）

1. A：周末的时候你干什么？

   B：______________________。（每……都）

2. A：明天你什么时候有课？

   B：______________________。（从……到）

3. A：你知道星期几有讲座吗？

B：______________________________。（星期……）

4. A：明天天气不太好，有风，还下雨。

B：______________________________。（所以）

5. A：星期三晚上七点你在干什么？

B：______________________________。（在）

五 用所给词语写一段话 Write a short passage with the given words

星期三，从……到，
听写，所以，作业，
喝咖啡，唱歌，回宿舍

六 汉字练习 Chinese character exercises

1. 拆分汉字 Chinese character structure analysis

例：唱 chàng →口＋昌

（1）喝 hē →

（2）啤 pí →

（3）咖 kā →

（4）啡 fēi →

（5）号 hào →

（6）员 yuán →

2. 汉字书写练习 Write the following characters

wèi	丨 ㄇ 口 口丨 口𠃍 口𠃍 口罒 口罒 口罒 口甲 口畏 喂								
喂	喂	喂	喂	喂					

gàn	一 二 干								
干	干	干	干	干					

zuò	丿 亻 亻 仕 付 估 估 估 做 做 做								
做	做	做	做	做					

zuò	丿 亻 亻 亻 作 作 作								
作	作	作	作	作					

měi	丿 𠂉 𠂉 与 每 每 每								
每	每	每	每	每					

xīng	丨 冂 日 日 尸 旦 旦 旱 星
星	星 星 星 星

qī	一 十 卄 卄 廿 甘 其 其 其 期 期 期
期	期 期 期 期

cóng	丿 人 从 从
从	从 从 从 从

xiě	丶 冖 冖 写 写
写	写 写 写 写

suǒ	丿 厂 户 户 户 所 所 所
所	所 所 所 所

yǐ	レ レ 以 以
以	以 以 以 以

hē	丨 口 口 口 口 口 口 口 喝 喝 喝 喝
喝	喝 喝 喝 喝

kā	丨 口 口 叮 叻 叻 咖 咖
咖	咖 咖 咖 咖

fēi	丨 ㇆ 口 叮 叮 叮 叮 哔 啡 啡 啡
啡	啡 啡 啡 啡

diàn	丶 亠 广 广 庐 庐 店 店
店	店 店 店 店

miàn	一 ア 丆 丙 而 而 而 而 面
面	面 面 面 面

jǐ	㇆ コ 己
己	己 己 己 己

zhèng	一 丅 下 正 正
正	正 正 正 正

chàng	丨 ㇆ 口 口 口 口 口 口 唱 唱 唱
唱	唱 唱 唱 唱

gē	一 ㄒ 丁 可 可 哥 哥 哥 哥 哥 哥 歌 歌 歌
歌	歌 歌 歌 歌

huí	丨 冂 冂 冋 冋 回
回	回 回 回 回

13 Wǒ Qù Túshūguǎn Jiè Shū 我去图书馆借书

一 写出下列词语的拼音 Write *Pinyin* for the following words

商店 ______　　打算 ______　　星期天 ______

东西 ______　　关门 ______　　还可以 ______

咱们 ______　　质量 ______　　比较贵 ______

一起 ______　　衣服 ______　　购物中心 ______

二 用合适的词语填空 Fill in the blanks with appropriate words

借 ______　　换 ______　　买 ______　　关 ______

开 ______　　去 ______　　打算 ______

三 选词填空 Choose the appropriate word to fill in the blank

打算　质量　东西　咱们　一起　商店　开门

张红：玛丽，周末你有什么________？

玛丽：我打算去________买衣服。

张红：你和我________去购物中心吧。

玛丽：购物中心的东西贵不贵？

张红：还可以。那儿的________比较多，________也比较好。

玛丽：好啊。________几点去？

张红：购物中心九点________，咱们九点半去吧。

四 用指定词语完成对话 Complete the dialogues with the given words

1. A：星期天你有什么打算？

　B：________________________________。（先……然后……）

2. A：这个周末我有空儿。

B：______________________________。（咱们）

3. A：______________________________？（adj. 不 adj.）

B：还可以，最热三十五度。

4. A：大卫，你去哪儿？

B：______________________________。（$S+VP_1+VP_2$）

5. A：那儿的东西质量怎么样？

B：______________________________。（还可以）

五 模仿写一段话 Write a short passage in accordance with that of the example

明天是星期天，中村打算去购物中心买东西，那儿的东西比较多，质量也不错，也不太贵。玛丽正打算买衣服呢，她要和张红一起去。购物中心九点开门，她们打算十点去。

我的周末打算

六 汉字练习 Chinese character exercises

1. 拆分汉字 Chinese character structure analysis

例：铁 tiě →金（钅）+ 失

（1）错 cuò →

（2）钱 qián →

（3）钥 yào →

（4）钟 zhōng →

（5）银 yín →

2. 汉字书写练习 Write the following characters

jiè	丿 亻 亻一 亻艹 亻卄 供 借 借 借 借
借	借 借 借 借

xiān	丿 𠂉 ⺧ 生 先 先
先	先 先 先 先

yín	丿 𠂉 𠂉 乍 钅 钅 钌 钌 钼 钽 银
银	银 银 银 银

huàn	一 十 扌 扌 扌 扌 扚 拖 换 换
换	换 换 换 换

shāng	丶 亠 亠 亠 产 产 商 商 商 商 商
商	商 商 商 商

zán									
咱	咱	咱	咱	咱					

mén									
门	门	门	门	门					

dǎ									
打	打	打	打	打					

suàn									
算	算	算	算	算					

gòu									
购	购	购	购	购					

wù									
物	物	物	物	物					

xīn									
心	心	心	心	心					

guì									
贵	贵	贵	贵	贵					

zhì	一 厂 户 斤 斤 质 质 质
质	质 质 质 质

liàng	丨 口 日 日 旦 早 昌 昌 昌 昌 量 量
量	量 量 量 量

cuò	丿 𠂉 𠂉 𠂉 钅 钅 钅 钳 钳 钳 错 错 错
错	错 错 错 错

yī	丶 亠 广 衣 衣 衣
衣	衣 衣 衣 衣

Wǒ Xǐhuan Qiǎn Yánsè de
我喜欢浅颜色的

一 写出下列词语的拼音 Write *Pinyin* for the following words

脏 _____	好看 _____	浅颜色 _____
蓝 _____	漂亮 _____	白毛衣 _____
黄 _____	容易 _____	有点儿 _____
黑 _____	便宜 _____	旧自行车 _____

二 选词填空 Choose the appropriate word to fill in the blank

漂亮　便宜　好看　容易　深　浅

1. 我不喜欢白毛衣，白毛衣很________，可是太________脏了。
2. 这件衣服很________，是你的吗？
3. 那辆自行车颜色有点儿________，我喜欢________颜色的。
4. 我的自行车不是新的，新的比较贵，旧的比较________。

三 用指定的词语完成对话 Complete the dialogues with the given words

1. A：你看我这件毛衣怎么样？
   B：______________________________。（挺……的）
2. A：______________________________？（别的）
   B：他们在宿舍里喝啤酒呢。
3. A：购物中心的东西贵不贵？
   B：______________________。（有点儿）
4. A：你买白颜色的吧。
   B：____________________________________。（容易）
5. A：你喜欢什么颜色的？
   B：____。（adj. + 的）

四 完成段落并仿写 Complete the following paragraphs, then write a short passage

1. 中村觉得（juéde, to feel, to think）白毛衣挺 _____，不过白的 _____ 脏。_____ 玛丽不喜欢深颜色的，她喜欢 _____ 颜色的。

2. 玛丽______的自行车是______的，因为（yīnwèi, because）旧的比较______，也不容易______。大卫不喜欢红的、______，______不喜欢黑的、______，他喜欢 _____。

五 汉字练习 Chinese character exercises

1. 拆分汉字 Chinese character structure analysis

例：篮 lán →⺮＋⺊＋皿

（1）喜 xǐ →

（2）算 suàn →

（3）蓝 lán →

（4）累 lèi →

（5）意 yì →

2. 汉字书写练习 Write the following characters

jiàn	丿 亻 仁 仁 仵 件
件	件 件 件 件

bái	′ 丨 白 白 白
白	白 白 白 白

tǐng	一 十 扌 扌 扌 扌 扌 挺 挺 挺
挺	挺 挺 挺 挺

róng	丶 冖 宀 宀 穴 穵 突 容 容 容
容	容 容 容 容

yì	丨 冂 日 日 旦 易 易 易
易	易 易 易 易

zāng	丿 几 月 月 月` 月⁻ 肚 肚 脏 脏
脏	脏 脏 脏 脏

lán	一 十 艹 艹 芷 芷 茈 茈 茈 莅 莅 蓝 蓝
蓝	蓝 蓝 蓝 蓝

yán	丶 亠 亠 立 立 产 产 彦 彦 彦⁻ 彦⁻ 彦⁻ 颜 颜 颜
颜	颜 颜 颜 颜

sè	ノ 𠂊 夕 夕 多 色
色	色 色 色 色

shēn	丶 丶 氵 氵 氵⁻ 氵⁻ 泙 泙 泙 浮 深
深	深 深 深 深

qiǎn	丶 丶 氵 氵⁻ 氵⁻ 浅 浅 浅
浅	浅 浅 浅 浅

huáng	一 十 廾 廾 丗 芇 芇 苗 苗 黄 黄
黄	黄 黄 黄 黄

piào	丶 丶 氵 氵 氵 沂 沥 洒 洒 洒 漂 漂 漂 漂
漂	漂 漂 漂 漂

liàng	丶 亠 亠 亠 亠 亠 亠 亭 亮
亮	亮 亮 亮 亮

tā	丶 丶 宀 宀 它
它	它 它 它 它

zuó	丨 冂 日 日 日 日 昨 昨 昨
昨	昨 昨 昨 昨

xīn	丶 亠 亠 立 立 立 辛 辛 亲 亲 新 新 新
新	新 新 新 新

liàng	一 七 车 车 车 车 辆 辆 辆 辆 辆
辆	辆 辆 辆 辆

jiù	丨 丨 旧 旧 旧
旧	旧 旧 旧 旧

pián	丿 亻 亻 亻 佰 佰 便 便 便
便	便 便 便 便

yí	丶 丶 宀 宀 宀 宜 宜 宜
宜	宜 宜 宜 宜

diū	一 二 千 壬 丢 丢
丢	丢 丢 丢 丢

bié	丨 口 口 号 另 别 别
别	别 别 别 别

hēi	丨 冂 冂 罒 罒 罒 甲 里 黑 黑 黑 黑
黑	黑 黑 黑 黑

huī	一 ナ 𠂇 𠂇 灰 灰
灰	灰 灰 灰 灰

lǜ	乙 乡 纟 纩 纩 纾 绿 绿 绿 绿 绿
绿	绿 绿 绿 绿

Míngtiān Shì Wǒ Péngyou de Shēngrì
明天是我朋友的生日

一 写出下列词语的拼音 Write *Pinyin* for the following words

忙 _____ 准备 ______ 一束花 ________

送 _____ 特别 ______ 生日礼物 ________

说 _____ 主意 ______ 晚饭以后 ________

甜 _____ 一直 ______ 巧克力 ________

二 用合适的词语填空 Fill in the blanks with appropriate words

送 _____ 丢 _____ 开 _____ 关 _____ 准备 _____

______ 颜色 ______ 自行车 ______ 毛衣 ______ 礼物

三 选词填空 Choose the appropriate word to fill in the blank

以后 一直 准备 特别 还是 那么 比如

1. 昨天下午，从一点到四点，我________等你。
2. 他送我的生日礼物很________，我很喜欢。
3. 今天下课________，我打算去图书馆借书。
4. 书店里有很多词典，________《汉日词典》《英汉词典》。
5. 你喝什么？咖啡________水？
6. 今天下雨，________我们明天去吧。
7. 我在________明天的听写呢。

四 用指定词语完成对话 Complete the dialogues with the given words

1. A：最近的天气怎么样？

   B：挺好的，________________________________。（不A不B）

2. A：下课以后你去哪儿？

   B：________________________________。（先……然后……）

3. A：________________________________？（还是）

 B：我喝水。

4. A：明天的天气不太好，有风，还有雨。

 B：________________________________。（咱们）

5. A：你在干什么呢？

 B：________________________________。（在……呢）

6. A：这儿的咖啡有点儿贵。

 B：________________________________。（那么）

7. A：今天的作业真多啊！

 B：________________________________。（一直）

8. A：这件衣服怎么样？

 B：________________________________。（挺……的）

五 完成段落并仿写 Complete the following paragraphs，then write a short passage

明天是我朋友______生日，我______送她一件______礼物。我下午______商店______毛衣，毛衣很多，质量______不错，______我不知道她喜欢______颜色。最后（zuìhòu，at last）一个同学告诉（gàosu，to tell）我，______个女孩子______喜欢花。所以我打算______她一______花，她一定（yídìng，must）喜欢。

____

____

____

____

____

____

____

____

六 汉字练习 Chinese character exercises

1. 根据偏旁组字 Write characters with the given radicals

（1）日 → ________、________、________、________

（2）口 → ________、________、________、________

（3）金 → ________、________、________、________

（4）门 → ________、________、________、________

2. 小游戏："口"字加两笔或三笔，变成另外的字

Character games：Add two or three strokes on the character 口 to form other characters

（1）加两笔：口 → 叫、______、______、______、______

（2）加三笔：口 → 吃、______、______、______、______

3. 汉字书写练习 Write the following characters

fàn	丿 𠂊 饣 饣 饤 饭 饭									
饭	饭	饭	饭	饭						

zhí	一 十 𠂇 冇 冇 有 直 直									
直	直	直	直	直						

máng	丶 丶 忄 忄 忙 忙									
忙	忙	忙	忙	忙						

zhǔn	丶 冫 丷 冫 冫 冫 冫 准 准 准									
准	准	准	准	准						

bèi	丿 ク 夂 夂 各 各 备 备									
备	备	备	备	备						

lǐ	丶 ㇇ 礻 礻 礼
礼	礼 礼 礼 礼

dàn	蛋（11画笔顺）
蛋	蛋 蛋 蛋 蛋

gāo	糕（16画笔顺）
糕	糕 糕 糕 糕

sòng	送（9画笔顺）
送	送 送 送 送

tè	特（10画笔顺）
特	特 特 特 特

nán	丨 冂 日 田 田 男 男
男	男 男 男 男

nǚ	𡿨 女 女
女	女 女 女 女

rú	𡿨 女 女 如 如 如
如	如 如 如 如

qiǎo	一 丅 工 工一 巧
巧	巧 巧 巧 巧

kè	一 十 亠 古 古 声 克
克	克 克 克 克

lì	フ 力
力	力 力 力 力

tián	一 二 千 千 舌 舌 舌一 甜 甜 甜 甜
甜	甜 甜 甜 甜

shù	一 厂 冖 冂 市 束 束
束	束 束 束 束

huā	一 十 艹 艹 艹 花 花
花	花 花 花 花

zhǔ	丶 亠 二 キ 主
主	主 主 主 主

yì	丶 亠 亠 立 立 产 音 音 音 音 意 意 意
意	意 意 意 意

16 Zhōumò Nǐ Gàn Shénme 周末你干什么

一 写出下列词语的拼音 Write *Pinyin* for the following words

觉得 ____	看电视 ____	洗衣服 ____
可以 ____	逛商店 ____	睡懒觉 ____
安排 ____	包饺子 ____	学习汉语 ____
跳舞 ____	没意思 ____	听音乐会 ____

二 选词填空 Choose the appropriate word to fill in the blank

同屋　可以　没意思　不同

我的________是日本人，她喜欢周末去中国朋友家玩儿。可是我和她________，我觉得去朋友家________，我喜欢坐公共汽车玩儿。我觉得在公共汽车上________好好儿了解（liǎojiě，to understand）中国人。

三 用指定的词语完成对话 Complete the dialogues with the given words

1. A：购物中心的东西怎么样？

   B：______________________________。（太……了）

2. A：刘老师的汉语书多不多？

   B：______________________________。（太……了）

3. A：他在宿舍干什么呢？

   B：______________________________。（在＋地方＋V）

4. A：这件毛衣怎么样？

   B：______________________________。（看起来……）

5. A：周末你常常干什么？

   B：____。（V＋V）

四 根据课文完成段落 Complete the paragraph on the basis of the text

1. 大卫很 _____ 过周末，因为周末他可以 _____ 玩儿。大卫每个周末都有 _____ 的安排。上个周末他到朋友家 _____ 饺子，_____ 个周末他去学跳舞，这个周末他去听 _____。

2. 大卫的 _____ 不喜欢过周末。他每个周末的安排都一样：_____ 衣服，_____ 电视，_____ 东西，_____ 作业，有时候去 _____ 商店。所以他觉得周末 _____。

五 写一段话 Write a short passage

我的周末

六 汉字练习 Chinese character exercises

1. 拆分汉字 Chinese character structure analysis

例：思 sī → 田 + 心

（1）怕 pà →

（2）您 nín →

（3）志 zhì →

（4）意 yì →

（5）忙 máng →

（6）快 kuài →

2. 汉字书写练习 Write the following characters

yòu	㇇ 又								
又	又	又	又	又					

lā	丨 ㇕ 口 ﹅ 吋 吋 吋 吋 吋 啦 啦								
啦	啦	啦	啦	啦					

jué	丶 丷 ⺍ ⺌ 学 学 觉 觉 觉								
觉	觉	觉	觉	觉					

dé	㇒ ㇒ 彳 彳 彳 彳 彳 彳 得 得 得								
得	得	得	得	得					

sī	丨 冂 日 田 田 田 思 思 思								
思	思	思	思	思					

拼音	汉字				
xǐ	洗	洗	洗	洗	洗
shì	视	视	视	视	视
shuì	睡	睡	睡	睡	睡
lǎn	懒	懒	懒	懒	懒
chū	出	出	出	出	出
guàng	逛	逛	逛	逛	逛
xí	习	习	习	习	习
ān	安	安	安	安	安

pái	一 扌 扌 扌 扌 扌 扌 排 排 排 排
排	排 排 排 排

bāo	丿 勹 勺 勺 包
包	包 包 包 包

jiǎo	丿 𠂊 饣 饣 饣 饣 饣 饺 饺
饺	饺 饺 饺 饺

dí	丨 冂 日 由 由 油 油 迪
迪	迪 迪 迪 迪

tīng	一 厂 厂 厅
厅	厅 厅 厅 厅

tiào	丨 口 口 早 早 足 足 跀 跀 跀 跳 跳 跳
跳	跳 跳 跳 跳

wǔ	丿 ⺈ 二 仁 年 無 無 無 無 舞 舞 舞 舞 舞
舞	舞 舞 舞 舞

Zuòkè (Yī)
做客（一）

一 写出下列词语的拼音 Write *Pinyin* for the following words

做客 _____ 打车 ______ 果汁 __________

请进 _____ 随便 ______ 真干净 _______

心意 _____ 顺利 ______ 地铁 __________

收下 _____ 客气 ______ 有点儿饿 ________

二 根据课文完成段落 Complete the paragraph on the basis of the text

大卫和玛丽_______公共汽车去老师家里玩儿，路上有点儿_______，不太_______。老师的家很_______，他们喝茶和_______，中午一起_______饺子吃。

三 组词成句 Make sentences with the given words

1. 这 礼物 您 是 给 的

____

2. 你们 一般 还是 坐 打 公共汽车 车

____

3. 我 饺子 最 就是 喜欢 吃的

____

四 用指定词语完成对话 Complete the dialogues with the given words

1. A：________________________________？（还是）

B：我明天下午有课。

2. A：天气太热了，我们去游泳吧。

B：________________________________。（会）

3. A：图书馆在哪儿呀？

B：________________________________。（就是）

4. A：你九点就睡觉呀！

B：________________________。（有点儿）

5. A：周末我们去哪儿玩儿？

B：________________________。（随便）

五 写一段话 Write a short passage

我喜欢的交通工具

六 汉字练习 Chinese character exercises

1. 拆分汉字 Chinese character structure analysis

例：提 tí →扌+是

（1）打 dǎ →

（2）换 huàn →

（3）挺 tǐng →

（4）排 pái →

（5）挤 jǐ →

2. 汉字书写练习 Write the following characters

yā	丨 ㄇ 口 口⁻ 口⁼ 吁 呀
呀	呀 呀 呀 呀

shōu	丨 丩 丩丿 丩⺊ 屮攵 收
收	收 收 收 收

chá	一 十 艹 艻 艾 茶 茶 茶 茶
茶	茶 茶 茶 茶

guǒ	丨 ㄇ 日 日 旦 甲 果 果
果	果 果 果 果

zhī	丶 丷 氵 氵⁻ 汁
汁	汁 汁 汁 汁

suí	阝 阝 阝⁻ 阝𠂇 阝有 阝有 陏 陏 陏 隋 随
随	随 随 随 随

shùn	丿 川 川 川⁻ 川𠂆 川𠂆 順 顺 顺
顺	顺 顺 顺 顺

lì	丿 二 千 禾 禾 利 利
利	利 利 利 利

jǐ	一 扌 扌 扌 扌 扩 拉 挤 挤
挤	挤 挤 挤 挤

tiáo	丶 讠 订 订 讷 讷 调 调 调 调
调	调 调 调 调

bā	乛 コ コ 巴
巴	巴 巴 巴 巴

dì	一 十 土 𡈼 坤 地
地	地 地 地 地

tiě	丿 𠂉 𠂉 𠂉 钅 钅 钅 钅 铁 铁
铁	铁 铁 铁 铁

è	丿 𠂉 饣 饣 饣 饣 饣 饿 饿 饿
饿	饿 饿 饿 饿

chī	丨 冂 口 口 口 吃
吃	吃 吃 吃 吃

shì	丶 讠 订 订 试 试 试 试
试	试 试 试 试

Zuòkè Èr 做客（二）

一 写出下列词语的拼音 Write *Pinyin* for the following words

味道 ______ 超市 ______ 北方人 ______

面食 ______ 热闹 ______ 速冻饺子 ______

重要 ______ 偷懒 ______ 过节 ______

麻烦 ______ 食品 ______ 吃米饭 ______

二 用下列组成的词语填空 Fill in the blanks with the Structure 好 +V

好 +V：好吃 好看 好听 好玩儿

1. 饺子很________，面条味道也不错。
2. 那个电影不________，没意思。
3. 中国音乐很________，特别是《茉莉花》。
4. 去朋友家做客挺________的。

三 用指定词语完成对话 Complete the dialogues with the given words

1. A：对不起，我不会说英语。

   B：________________________________？（不是……吗）

2. A：你明天早上八点有课吗？

   B：有，________________________________。（得）

3. A：听说你很喜欢听音乐，是吗？

   B：是，________________________都喜欢。（……啦，……啦）

4. A：你周末都干什么？

   B：________________________________。（如果……的话，就……）

5. A：你喜欢听写吗？

   B：________________________________。（得）

6. A：你觉得北京的冬天冷不冷？

   B：________________________________。（对……来说）

四 根据课文完成段落 Complete the paragraph on the basis of the text

大卫和玛丽去老师家________，他们一起________饺子吃，他们包的饺子味道很________。老师告诉他们，如果没有时间包饺子的话，可以去________买速冻饺子，速冻饺子的味道也________。对北方人来说，饺子是一种________的食品，可是南方人一般不吃面食，他们喜欢吃________。

五 汉字练习 Chinese character exercises

1. 拆分汉字 Chinese character structure analysis

例：床 chuáng → 广 + 木

（1）度 dù →

（2）庭 tíng →

（3）座 zuò →

（4）店 diàn →

（5）麻 má →

（6）厅 tīng →

2. 汉字书写练习 Write the following characters

wèi	丨 ㄇ 口 口一 口二 吘 咔 味									
味	味	味	味	味						

fāng	丶 亠 亍 方									
方	方	方	方	方						

mǐ	丶 丷 䒑 半 米 米									
米	米	米	米	米						

shí	丿 人 亼 今 今 今 食 食 食
食	食 食 食 食

zhòng	一 二 千 千 百 百 亘 重 重
重	重 重 重 重

zhǒng	丿 二 千 禾 禾 和 和 和 种
种	种 种 种 种

pǐn	丨 口 口 口 口 口 口 品 品
品	品 品 品 品

má	丶 一 广 广 庁 庁 床 床 府 麻 麻
麻	麻 麻 麻 麻

fán	丶 丷 火 火 灯 灯 灯 炳 烦 烦
烦	烦 烦 烦 烦

xiàn	丿 𠂊 饣 饣 饣 饣 饣 饣 馅 馅 馅
馅	馅 馅 馅 馅

chāo	一 十 土 キ 丰 走 走 起 超 超 超 超
超	超 超 超 超

shì	丶 亠 亣 市	市
sù	一 𠂆 𠃍 日 申 束 束 ⻌束 涑 速	速
dòng	丶 冫 冫 冫 冻 冻 冻	冻
xiǎng	一 十 才 木 木 机 相 相 相 相 想 想 想	想
dài	丿 亻 亻 代 代 代 代 袋 袋 袋 袋	袋
tōu	丿 亻 亻 伫 伫 伫 偷 偷 偷 偷 偷	偷
nào	丶 丨 门 门 闩 闩 闹 闹	闹

Xiànzài Xíguàn le
现在习惯了

一 写出下列词语的拼音 Write *Pinyin* for the following words

习惯 ____ 工作 ____ 早睡早起 ________

已经 ____ 毛病 ____ 不好意思 ________

生活 ____ 大概 ____ 几岁 ______

起床 ____ 夜里 ____ 睡懒觉 ______

二 选词填空 Choose the appropriate word to fill in the blank

大概　不好意思　这么　起床　工作

今天早上我______七点才______，起床以后就去学校。去______的人很多，所以路上有点儿不太顺利，我迟到（chídào, to be late）了。真______，以后我不能______晚起床了。

三 用指定词语完成对话 Complete the dialogues with the given words

1. A：周末你什么时候起床？

   B：________________________。（就）

2. A：今天你们几点下课？

   B：________________________。（才）

3. A：同学们都来了，玛丽呢？

   B：________________________。（还）

4. A：你习惯中国的生活了吗？

   B：________________________。（了）

5. A：______________________？（多大年纪／多大／几岁）

   B：我二十五岁。

四 根据课文完成段落 Complete the paragraph on the basis of the text in this lesson

大卫来北京________半年了，他已经________北京的生活了，可是还不习惯早上八点上课。他有点儿________。他晚上一般十二点睡觉，不过早上八点有课的话，他________早一点儿睡。刘老师是学生的时候，也喜欢睡________。不过工作以后，这个毛病已经________了，现在他喜欢________。

五 汉字练习 Chinese character exercises

1. 拆分汉字 Chinese character structure analysis

例：利 lì → 禾 + 刂

（1）刚 gāng →

（2）刻 kè →

（3）到 dào →

（4）别 bié →

（5）刘 liú →

2. 汉字书写练习 Write the following characters

cháng	丿 亠 亡 长									
长	长	长	长	长						

nián	丿 𠂉 𠂇 𠂉 乍 年									
年	年	年	年	年						

guàn	丶 丷 忄 忄 忄 惯 惯 惯 惯 惯 惯									
惯	惯	惯	惯	惯						

huó	丶 冫 氵 氵 汇 汗 汗 活 活
活	活 活 活 活

yǐ	㇇ コ 已
已	已 已 已 已

jīng	乙 纟 纟 纟 纟 经 经 经
经	经 经 经 经

gāng	丨 冂 冈 冈 冈 刚
刚	刚 刚 刚 刚

cái	一 十 才
才	才 才 才 才

chuáng	丶 亠 广 庐 庐 床 床
床	床 床 床 床

yè	丶 亠 广 广 疒 夜 夜 夜
夜	夜 夜 夜 夜

gōng	一 丅 工
工	工 工 工 工

bìng	` 亠 广 疒 疒 疒 疔 病 病 病
病	病 病 病 病

gǎi	㇇ ㇆ 己 己' 己' 改 改
改	改 改 改 改

jì	纟 纟 纟 纪 纪 纪
纪	纪 纪 纪 纪

gài	一 十 才 木 杅 杅 村 相 根 根 椻 椻 概
概	概 概 概 概

suì	丨 山 山 屵 岁 岁
岁	岁 岁 岁 岁

Kàn Bìngrén
看病人

一 写出下列词语的拼音 Write *Pinyin* for the following words

睡觉 _____ 医院 _____ 看病人 _____

起床 _____ 面条儿 _____ 挺无聊 _____

做梦 _____ 身体 _____ 背生词 _____

幸福 _____ 考试 _____ 别客气 _____

二 用合适的词语填空 Fill in the blanks with appropriate words

做 _____ 看 _____ 背 _____ 问 _____ 住 _____ 炒 _____

听 _____ 睡 _____ 吃 _____ 换 _____ 同意 _____

三 用指定词语改写句子 Rewrite the following sentences with the given words

例：我是学生，他是学生。（也）

我是学生，他也是学生。

1. 我明天去清华大学玩儿。（不是……吗）

____

2. 周末的时候我睡懒觉、洗衣服、做作业、看电影。（动词重叠）

____

3. 星期天不下雨，我们去看朋友。（如果……的话，就……）

____

4. 明天早上我有课，七点起床。（得）

____

5. 这个电影没有意思，很无聊。（太……了）

____

四 用指定词语完成对话 Complete the dialogues with the given words

1. A：学校的图书馆都有什么书？

   B：________________________。（……啦）

2. A：你想听什么音乐？________________________？（还是）

   B：我听中国音乐。

3. A：天气太热了，我们去游泳吧。

   B：不好意思，________________________。（会）

4. A：________________________？（多大）

   B：我今年八十六啦。

5. A：我们中午吃麦当劳吧。

   B：________________________。（就是）

五 阅读 Reading

我来北京一个月了，现在已经习惯了北京的生活，我也很喜欢上汉语课。可是，我觉得生活不太有意思。下课以后，我听听音乐、洗洗衣服、逛逛商店、做做作业……一个人玩儿，一个人学习。我的同屋喜欢睡懒觉，我喜欢早睡早起，所以我们不能一起玩儿。上个星期，我去老师家了，我们一起包饺子，饺子味道很好，我很高兴。和中国人在一起，也是学习汉语的一种重要方法。如果我能认识很多中国朋友的话，那多好啊！

判断正误 True or false

1. 我现在还不习惯北京的生活。 ☐
2. 我觉得在北京生活很有意思。 ☐
3. 我喜欢一个人玩儿。 ☐
4. 我的同屋不喜欢早睡早起。 ☐
5. 我这个星期要去老师家。 ☐
6. 我认识很多中国朋友。 ☐
7. 和同屋一起玩儿是学习汉语的好方法。 ☐

六 写一段话 Write a short passage

我的周末生活

七 汉字练习 Chinese character exercises

1. 拆分汉字 Chinese character structure analysis

例：草 cǎo → 艹 + 早

（1）药 yào →

（2）菜 cài →

（3）茶 chá →

（4）蓝 lán →

（5）花 huā →

2. 找出下面各字的偏旁 Write the radicals of the following characters

谁______ 都______ 知______ 音______ 糕______

些______ 聊______ 般______ 季______ 蛋______

3. 汉字书写练习 Write the following characters

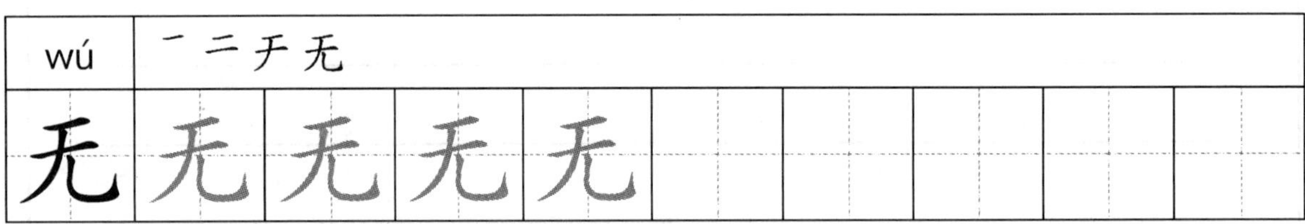

wú	一 二 于 无
无	无 无 无 无

liáo	一 厂 闩 用 月 耳 耳 耶 耶 聊 聊
聊	聊 聊 聊 聊

mèng	一 十 才 木 木 村 材 林 林 梦 梦
梦	梦 梦 梦 梦

xìng	一 十 土 土 去 去 查 幸
幸	幸 幸 幸 幸

fú	福								
福	福	福	福	福					

bèi	背								
背	背	背	背	背					

kǎo	考								
考	考	考	考	考					

lèi	累								
累	累	累	累	累					

sǐ	死								
死	死	死	死	死					

zhù	住								
住	住	住	住	住					

yī	医								
医	医	医	医	医					

chǎo	炒								
炒	炒	炒	炒	炒					

cài	一 十 卄 艹 芀 芓 芖 苎 苹 菜 菜								
菜	菜	菜	菜	菜					

shēn	′ ſ 介 自 自 身 身								
身	身	身	身	身					

tǐ	ノ 亻 仁 什 什 休 体								
体	体	体	体	体					

yào	一 十 艹 艹 芗 芗 药 药 药								
药	药	药	药	药					

Wǒ Hē le Bàn Jīn Báijiǔ
我喝了半斤白酒

一 写拼音并组词 Write *Pinyin* for the following words and then make phrases

1. 做 _____ (   )　　2. 店 _____ (   )　　3. 客 _____ (   )

　坐 _____ (   )　　　电 _____ (   )　　　课 _____ (   )

　作 _____ (   )　　　典 _____ (   )　　　刻 _____ (   )

　左 _____ (   )　　　点 _____ (   )　　　可 _____ (   )

二 用合适的词语填空 Fill in the blanks with appropriate words

倒 _____　　喝 _____　　劝 _____　　请 _____

_____ 酒　　_____ 梦　　_____ 疼　　_____ 夜

三 组词成句 Make sentences with the given words

1. 昨天　你　晚上　熬夜　了　又　吗

____

2. 中国人　有的　请客　时候　的　劝酒　喜欢

____

3. 他　不停　一直　地　我　给　倒酒

____

四 用指定的词语完成对话 Complete the dialogues with the given words

1. A：来中国以后，你看了几个电影？

　B：______________________________。（V + 了……）

2. A：玛丽怎么了？

　B：______________________________。（好像）

3. A：你怎么喝了那么多酒？

　B：______________________________。（不停）

4. A：刚开始上课，你好像又困了。

B：________________________________。（又）

5. A：你那儿下雨了吗？

B：________________________________。（一直）

五 根据课文完成段落 Complete the paragraph on the basis of the text

大卫常常 _____ 夜，所以他常常不去上课。今天他 _____ 没去，不过，这次不是熬夜，是因为他昨天晚上喝了半 _____ 白酒，_____ 了。今天他还有点儿 _____，不舒服，所以不能去上课。玛丽去看他的时候，他还在睡觉呢。

六 汉字练习 Chinese character exercises

1. 拆分汉字 Chinese character structure analysis

例：给 gěi →纟+合

（1）继 jì →

（2）续 xù →

（3）绿 lǜ →

（4）经 jīng →

（5）绍 shào →

2. 汉字书写练习 Write the following characters

xiàng	丿 亻 亻 亻 亻 伫 伫 俜 俜 傍 傍 像 像
像	像 像 像 像

liǎn	丿 月 月 月 月' 月^ 肸 肸 脍 脸 脸
脸	脸 脸 脸 脸

áo	一 = 丰 丰 丰 圭 麦 麦 麦 敖 敖 敖 熬 熬 熬
熬	熬 熬 熬 熬

jīn	一 厂 斤 斤
斤	斤 斤 斤 斤

tóu	丶 丶 丷 头 头
头	头 头 头 头

téng	丶 亠 广 广 疒 疒 疒 疼 疼 疼
疼	疼 疼 疼 疼

fēng	丶 亠 广 广 疒 疒 疯 疯 疯
疯	疯 疯 疯 疯

zuì	一 厂 丌 丙 两 西 酉 酉 酉 酉 酉 酉 酉 醉 醉
醉	醉 醉 醉 醉

tù	丨 口 口 口 吐 吐
吐	吐 吐 吐 吐

qíng	丶 丷 忄 忄 忄 忄 忄 忄 情 情 情
情	情 情 情 情

tíng	丿 亻 亻 亻 亻 亻 亻 亻 亻 亻 停
停	停 停 停 停

dào	丿 亻 亻 亻 亻 亻 亻 亻 倒 倒
倒	倒 倒 倒 倒

quàn	㇇ 又 劝 劝
劝	劝 劝 劝 劝

kě	丶 丶 氵 氵 氵 氵 氵 氵 渴 渴 渴 渴
渴	渴 渴 渴 渴

bāng	一 二 三 丰 邦 邦 邦 帮 帮
帮	帮 帮 帮 帮

bēi	一 十 才 木 杆 杯 杯 杯
杯	杯 杯 杯 杯

kùn	丨 冂 冂 冂 闲 困 困
困	困 困 困 困

jì	㇐ 纟 纟 纟 纟 纟 纟 纟 纟 继
继	继 继 继 继

xù	㇐ 纟 纟 纟 纟 纟 纟 纟 纟 续 续
续	续 续 续 续

Tā Gǎnmào le
他感冒了

一 写拼音并组词 Write *Pinyin* for the following words and then make phrases

1. 是 _____ (   )　2. 时 _____ (   )　3. 易 _____ (   )
   事 _____ (   )　食 _____ (   )　意 _____ (   )
   市 _____ (   )　十 _____ (   )　衣 _____ (   )
   室 _____ (   )　师 _____ (   )　以 _____ (   )

二 根据拼音写词语并填空

Write words according to the *Pinyin* and choose the appropriate word to fill in the blank of the passage below

gǎnmào _______　bìng _______　tóuténg _______　fā shāo _______　késou _______　xiūxi _______

qǐng jià _______　xīwàng _______　pīzhǔn _______　shūfu _______　yào _______

我昨天 _______ 了，_______38 度，还 _______，非常不 _______。我去医院看 _______。医生给我开了 _______，还说最好 _______ 不要去上课了，_______ 两天，_______ 老师 _______。

三 组词成句 Make sentences with the given words

1. 大卫　今天　上课　不能　来　又　了

____

2. 昨天　足球赛　他　一场　去　看　了

____

3. 医生　一天　说　休息　最好

____

四 用指定词语完成对话 Complete the dialogues with the given words

1. A：他过生日，我送他什么礼物呢？

   B：______________________________。（最好）

2. A：我感冒了，头疼，不太舒服。

   B：______________________________。（最好）

3. A：______________________________？（怎么）

   B：听说他病了。

4. A：这个周末你要去中国朋友家吗？

   B：是啊，__________________________。（希望）

5. A：今天晚上你去酒吧喝酒吗？

   B：______________________________。（所以）

五 根据课文完成段落 Complete the paragraph on the basis of the text

大卫前天去看足球________，回来的时候，________了，他没带________，所以他________了，有点儿不________，今天不________来上课。

六 汉字练习 Chinese character exercises

1. 拆分汉字 Chinese character structure analysis

例：球 qiú → 王 + 求

（1）玩 wán →

（2）现 xiàn →

（3）望 wàng →

（4）烧 shāo →

（5）炒 chǎo →

2. 汉字书写练习 Write the following characters

néng	⺈ 厶 ⺊ KE 能
能	能 能 能 能

gǎn	一 厂 厂 F F 后 咸 咸 咸 咸 感 感 感
感	感 感 感 感

mào	丨 冂 冃 冃 冒 冒 冒 冒 冒
冒	冒 冒 冒 冒

fā	𠂊 ⺪ 方 发 发
发	发 发 发 发

shāo	丶 丷 火 火 火 烧 烧 烧 烧 烧
烧	烧 烧 烧 烧

ké	丨 口 口 口 吋 咳 咳 咳 咳
咳	咳 咳 咳 咳

sòu	丨 口 口 口 口 口 口 咁 咁 嗽 嗽 嗽 嗽 嗽
嗽	嗽 嗽 嗽 嗽

zú	丨 口 口 口 早 早 足
足	足 足 足 足

qiú	一 二 千 王 王 玗 玗 玗 球 球 球
球	球 球 球 球

sài	丶 宀 宀 宀 宀 宀 宀 宀 宀 宀 寒 寒 赛 赛
赛	赛 赛 赛 赛

dài	一 十 廾 卅 卅 卅 带 带 带
带	带 带 带 带

sǎn	丿 人 仌 仌 伞 伞
伞	伞 伞 伞 伞

xiū	丿 亻 仁 什 休 休
休	休 休 休 休

xī	丿 亻 白 白 白 自 自 息 息 息
息	息 息 息 息

jià	丿 亻 亻 亻 仴 仴 作 作 作 假 假
假	假 假 假 假

xī	丿 乂 产 产 肴 希 希
希	希 希 希 希

wàng	丶 亠 亡 亡) 切 切 胡 胡 望 望 望
望	望 望 望 望

pī	一 扌 扌 扌 扌 扌 批
批	批 批 批 批

qián	丶 丷 䒑 䒑 广 首 首 前 前
前	前 前 前 前

yuè	丿 月 月 月
月	月 月 月 月

Nǐ Xué le Duō Cháng Shíjiān Hànyǔ
你学了多长时间汉语

一 写拼音并组词 Write *Pinyin* for the following words and then make phrases

1. 工 _____ (   )　　2. 常 _____ (   )　　3. 中 _____ (   )
   公 _____ (   )　　　长 _____ (   )　　　钟 _____ (   )
   共 _____ (   )　　　唱 _____ (   )　　　种 _____ (   )

二 用合适的词语填空 Fill in the blanks with appropriate words

用 _____　　写 _____　　学 _____　　换 _____　　_____ 车

三 根据拼音写词语并填空

Write words according to the *Pinyin* and choose the appropriate word to fill in the blank of the passage below

fānyì　　dǔ chē　　chídào　　zháo jí　　shēng qì　　jiǎndān　　yǔfǎ

_______　_______　_______　_______　_______　_______　_______

今天，我来学校的时候，路上不太顺利，(   )，我很 (   )，最后上课 (   ) 了，老师有点儿 (   )。今天我们学习汉语 (   )，比较 (   )，不用 (   ) 我就明白了。

四 用指定词语完成对话 Complete the dialogues with the given words

1. 这个问题很简单，______________________________。(就)
2. 我们宿舍不远，______________________________。(就)
3. A：这个周末你打算干什么？
   B：______________________________。(打算)
4. A：你们喝了多长时间咖啡？
   B：______________________________。(V＋了＋时间＋O)

5. A：____？（多长时间）

B：我看了两个小时电视。

五 根据课文完成段落 Complete the paragraph on the basis of the text

玛丽________在中国学了半年汉语，下学期她________还在北京学习。昨天，她和朋友有约会，可是她坐的车________了，________轮胎换了半个小时，所以，她________了。

六 汉字练习 Chinese character exercises

1. 拆分汉字 Chinese character structure analysis

例：坏 huài → 土 + 不

（1）块 kuài →

（2）堵 dǔ →

（3）地 dì →

（4）坐 zuò →

（5）吐 tù →

2. 汉字书写练习 Write the following characters

chí	㇇ ㇆ 尸 尺 尺 识 迟									
迟	迟	迟	迟	迟						

dǔ	一 十 土 土 圵 圵 坢 堵 堵 堵 堵									
堵	堵	堵	堵	堵						

huài	一 十 土 圠 圷 坏 坏									
坏	坏	坏	坏	坏						

lún	一 𠂇 左 车 车' 轮 轮 轮
轮	轮 轮 轮 轮

tāi	丿 刀 月 月 肝 肸 肸 胎 胎
胎	胎 胎 胎 胎

pò	一 丆 不 石 石 矿 矿 矿 破 破
破	破 破 破 破

méi	一 𠂉 冖 雨 雨 雨 雨 雨 雨 雨 雪 雾 雾 霉 霉
霉	霉 霉 霉 霉

píng	一 丆 冖 丘 平
平	平 平 平 平

zháo	丶 丷 䒑 亠 兰 美 羊 着 着 着 着
着	着 着 着 着

jí	丿 𠂊 ⺈ 刍 刍 刍 急 急 急
急	急 急 急 急

chū	丶 ラ 礻 衤 衤 初 初
初	初 初 初 初

fǎ	丶 丶 氵 氵 汁 汢 法 法								
法	法	法	法	法					

jiǎn	丿 𠂉 ⺮ ⺮ ⺮ ⺮ ⺮ 筒 筒 筒 筒 简 简								
简	简	简	简	简					

dān	丶 丷 丷 当 当 当 当 单								
单	单	单	单	单					

fān	一 ノ ノ 丷 平 釆 采 采 番 番 番 番 翻 翻 翻 翻 翻 翻								
翻	翻	翻	翻	翻					

yì	丶 讠 订 议 译 译 译								
译	译	译	译	译					

Nǐ Chī le Zǎofàn Lái Zhǎo Wǒ
你吃了早饭来找我

一 写拼音并组词 Write *Pinyin* for the following words and then make phrases

1. 只 ____ (   )　2. 有 ____ (   )　3. 行 ____ (   )
   知 ____ (   )　　右 ____ (   )　　姓 ____ (   )
   质 ____ (   )　　游 ____ (   )　　星 ____ (   )
   直 ____ (   )　　友 ____ (   )　　幸 ____ (   )

二 根据拼音写词语并填空

Write words according to the *Pinyin* and choose the appropriate word to fill in the blank of the passage below

kuàilè　fàng xīn　jùhuì　shàng wǎng　liáo tiānr
________　________　________　________　________

zhǎnlǎn　zǎofàn　shítáng　yìjiàn
________　________　________　________

1. 这个周末我有同学________，大家见面一定都很________。
2. 每天早上，我都在________吃________。
3. 明天去看________？好啊，我没________。
4. 我来中国留学，妈妈不太________，我每个周末都________和她________。

三 组词成句 Make sentences with the given words

1. 我　吃　面条　一碗　了　已经

____

2. 我们　一起　唱歌　去　打算　今天　晚上

____

3. 明天　八点　早上　宿舍　门口　见面　我们　在

____

四 用指定词语完成对话　Complete the dialogues with the given words

1. A：你明天打算干什么？

   B：______________________________。（V_1 + 了 + O + V_2 + O）

2. A：妈妈，我看一会儿电视，好吗？

   B：______________________________。（别）

3. A：你晚上几点休息？

   B：今天我有作业，______________________。（adj. + 一点儿 + V）

4. A：我送给他一束花，行吗？

   B：他是男孩子，______________________。（别）

5. A：明天的比赛我也要去。

   B：______________________________？（干什么）

五 根据课文完成段落　Complete the paragraph on the basis of the text

张红的同学小美过二十三岁________，她们一起________庆祝（qìngzhù，to celebrate）。张红的男朋友李军打电话的时候，她们________在吃饭、喝酒。张红叫李军一起去________歌，可是李军不去，他要________聊天儿。明天他们两个人一起去看________。

六 汉字练习　Chinese character exercises

1. 拆分汉字　Chinese character structure analysis

例：碗 wǎn　→ 石　+　宛

（1）破 pò　→

（2）码 mǎ　→

（3）研 yán　→

（4）展 zhǎn　→

（5）屋 wū　→

2. 汉字书写练习 Write the following characters

táng	堂	堂	堂	堂	堂
jù	聚	聚	聚	聚	聚
zhù	祝	祝	祝	祝	祝
wǎn	碗	碗	碗	碗	碗
pú	葡	葡	葡	葡	葡
táo	萄	萄	萄	萄	萄
bīng	冰	冰	冰	冰	冰
jī	激	激	激	激	激

líng	丶 冫 冫' 冫+ 冫土 冫夫 冫夫 冫夌 凌 凌
凌	凌 凌 凌 凌

kǎ	丨 卜 上 卡 卡
卡	卡 卡 卡 卡

lā	一 十 扌 扌 扌 扌 扌 拉
拉	拉 拉 拉 拉

fàng	丶 二 亠 方 方 方 放 放
放	放 放 放 放

měi	丶 丷 ⺌ 𦍌 𦍌 𦍌 美 美 美
美	美 美 美 美

shù	一 十 才 木 术
术	术 术 术 术

zhǎn	乛 コ 尸 尸 尸 屈 屈 屈 屈 展
展	展 展 展 展

lǎn	丨 丨丨 ⺌ 㐅 㐅 㐅 㐅 览 览
览	览 览 览 览

zhǎo	一 扌 扌 扌 找 找 找								
找	找	找	找	找					

wǎng	丨 冂 冂 冈 网 网								
网	网	网	网	网					

Nǐ Děi Duō Duànliàn Duànliàn le
你得多锻炼锻炼了

一 写拼音并组词

Write *Pinyin* for the following words and then make phrases

1. 心 _____ (　　　)　2. 玩 _____ (　　　)　3. 为 _____ (　　　)
　新 _____ (　　　)　　晚 _____ (　　　)　　卫 _____ (　　　)
　信 _____ (　　　)　　碗 _____ (　　　)　　味 _____ (　　　)

二 用合适的词语填空　Fill in the blanks with appropriate words

打 _____　　看 _____　　锻炼 _____

出 _____　　上 _____　　参加 _____

三 根据拼音写词语并填空

Write words according to the *Pinyin* and choose the appropriate word to fill in the blank of the passage below

tàijíquán　bào míng　chóngxīn　pǎo bù　duànliàn　cānjiā

_____　_____　_____　_____　_____　_____

来中国以后，我每天学习，不 _____，身体很不好。最近，我 _____ 开始锻炼，_____ 了一个班，每天早上起来打 _____，睡觉以前去 _____，所以，我的身体又好了。下个月学校有运动会（yùndònghuì，sports meeting），我也 _____ 了。

四 组词成句　Make sentences with the given words

1. 你　早　这么　就　睡觉　要　了　吗

____

2. 打算　以后　我　吃　晚饭　了　散步　去　每天

____

3. 时候　我　的　还　你　睡觉　在　呢　跑步

____

五 用指定词语完成对话 Complete the dialogues with the given words

1. A：我们明天在哪儿见面？

   B：________________________________。（在……V）

2. A：你锻炼了多长时间？

   B：________________________________。（V＋了＋时间）

3. A：你看，我骑车去还是坐地铁去？

   B：________________________________。（最好……）

4. A：你醉了？喝了多少酒啊？

   B：________________________________。（V＋了……）

5. A：你下午不在家，去哪儿了？

   B：________________________________。（了）

6. A：你什么时候来北京的？

   B：________________________________。（……年……月……日）

六 阅读 Reading

大卫最近常常熬夜，有时候和朋友一起聚会喝酒，有时候上网聊天儿，有时候看DVD，常常很晚才睡觉。他早上睡懒觉，上课常常迟到，还常常不做作业。他没有锻炼身体，所以身体很不好。昨天喝了一瓶啤酒以后，他觉得很不舒服，头疼，很困。他去看医生，医生告诉他最好早睡早起，每天锻炼。大卫打算以后每天早上打一会儿太极拳，吃了晚饭还要去散步。

回答问题 Answer the following questions

1. 大卫身体不好的原因是什么？
2. 大卫昨天觉得怎么样？
3. 他以后还会熬夜吗？

七 汉字练习 Chinese character exercises

1. 根据偏旁组字 Write characters with the given radicals

（1）王 → ________、________、________、________

（2）土 → ________、________、________、________

（3）火 → ________、________、________、________

（4）石 → ________、________、________、________

2. 换偏旁组成新的字 Change the radicals to form new characters

例：妈 → 奶 → 姐 → 妹 → 好

→ 码 → 吗 → 玛 → 骂

（1）爸 → → → →

（2）们 → → → →

（3）忘 → → → →

（4）现 → → → →

3. 汉字书写练习 Write the following characters

jù	㇇ ㇇ 尸 尸 尸 尸 居 居 居 剧									
剧	剧	剧	剧	剧						

jí	一 十 木 木 杉 极 极									
极	极	极	极	极						

quán	丶 丷 丷 兰 兰 关 关 关 叁 拳									
拳	拳	拳	拳	拳						

cān	𠃋 厶 厽 叁 矣 参 参 参									
参	参	参	参	参						

jiā	㇆ 力 力 加 加
加	加 加 加 加

bān	一 二 于 王 王 玏 玏 玬 班 班
班	班 班 班 班

bào	一 亅 扌 扌 扌 扌 报
报	报 报 报 报

wàng	丶 亠 亡 亡 忘 忘 忘
忘	忘 忘 忘 忘

xiān	ノ ク 仒 各 各 角 备 鱼 鱼 鱼 鲜 鲜 鲜 鲜
鲜	鲜 鲜 鲜 鲜

hú	丶 丷 氵 氵 汁 汁 沽 沽 沽 湖 湖 湖
湖	湖 湖 湖 湖

pǎo	丨 口 口 早 早 足 足 趵 趵 跑 跑 跑
跑	跑 跑 跑 跑

bù	丨 卜 止 止 牛 牛 步
步	步 步 步 步

jìn	㇇ ス 又 又 圣 劲 劲
劲	劲 劲 劲 劲

hàn	丶 丶 氵 汀 汗 汗
汗	汗 汗 汗 汗

duàn	丿 𠂉 𠂉 𠂉 钅 钅 钅 钅 钅 钅 锻 锻 锻 锻
锻	锻 锻 锻 锻

liàn	丶 丷 火 火 灬 炼 炼 炼 炼
炼	炼 炼 炼 炼

bàng	一 十 才 木 朩 朩 朩 栐 栐 栐 棒 棒
棒	棒 棒 棒 棒

sàn	一 十 廾 廾 艹 昔 昔 昔 昔 昔 散 散
散	散 散 散 散

Kuài Kǎoshì le
快考试了

一 写拼音并组词 Write *Pinyin* for the following words and then make phrases

1. 水 _____ (　　　) 2. 起 _____ (　　　) 3. 没 _____ (　　　)

睡 _____ (　　　) 骑 _____ (　　　) 美 _____ (　　　)

谁 _____ (　　　) 气 _____ (　　　) 妹 _____ (　　　)

二 根据拼音写词语并填空

Write words according to the *Pinyin* and choose the appropriate word to fill in the blank of the passage below

hèkǎ　Shèngdàn Jié　yóujú　chàbuduō　zhòngyào　lǚxíng　qīnqi

_____ _____ _____ _____ _____ _____ _____

_______ 快到了，很多留学生打算去 _______。但是，圣诞节不是中国人的节日。对中国人来说，新年是一个比较 _______ 的节日。新年以前，人们都给 _______ 朋友寄 _______，所以 _______ 很忙。但是最近几年，很多人不买贺卡了，他们发电子（diànzǐ，electronic）贺卡。电子贺卡的作用（zuòyòng，function）和贺卡 _______，还很有意思。

三 组词成句 Make sentences with the given words

1. 我　写　两　小时　个　整整　了　呢

____

2. 我　排　差不多　了　半　小时　个　多　的　队

____

3. 快要　了　去　我们　放假　打算　旅行　假期

____

四 用指定词语完成对话 Complete the dialogues with the given words

1. ________________（快……了），得快点儿走。

2. 我的自行车坏了，________________。（只好）

3. A：他去哪儿了？你知道吗？

   B：________________。（可能）

4. A：你现在就休息吗？

   B：________________。（再）

5. A：快考试了，你今天看了多长时间书？

   B：________________。（V + 了 + 时间 + O）

五 用所给词语写一段对话 Write a short passage with the given words

只好，可能，再，
刚才，要……了

六 汉字练习 Chinese character exercises

1. 拆分汉字　Chinese character structure analysis

例：贺 hè　→ 加 ＋ 贝

（1）贵 guì　→

（2）货 huò　→

（3）员 yuán　→

（4）购 gòu　→

（5）财 cái　→

2. 汉字书写练习　Write the following characters

jiē	一 扌 扌 扌 扩 扩 护 拉 挃 接 接
接	接 接 接 接

gōng	一 丅 工 玎 功
功	功 功 功 功

jī	一 十 卄 廿 甘 甘 苴 其 其 基 基
基	基 基 基 基

chǔ	一 丆 不 石 石 矶 矶 础 础 础
础	础 础 础 础

nǔ	𡿨 女 女 奴 奴 努 努
努	努 努 努 努

lǚ	丶 亠 亡 方 方' 方ᐟ 方ᐟ 旅 旅 旅
旅	旅 旅 旅 旅
jué	丶 冫 冫 冫 冫 决
决	决 决 决 决
dìng	丶 丶 宀 宀 宁 宁 定 定
定	定 定 定 定
lǜ	丨 卜 卢 广 卢 虍 虍 虑 虑 虑
虑	虑 虑 虑 虑
xìn	丿 亻 亻 仁 仁 信 信 信 信
信	信 信 信 信
shèng	又 又 圣 圣 圣
圣	圣 圣 圣 圣
dàn	丶 讠 讠 讠 讠 讠 证 诞 诞
诞	诞 诞 诞 诞
jì	丶 丶 宀 宀 宀 宀 宀 宁 宯 寄 寄
寄	寄 寄 寄 寄
hè	乛 力 加 加 加 加 贺 贺 贺
贺	贺 贺 贺 贺

bàn	㇆力力办
办	办 办 办 办

qīn	丶亠亠立立立辛辛亲
亲	亲 亲 亲 亲

qī	一厂厂厂厍厍厍戚戚戚戚
戚	戚 戚 戚 戚

zhěng	一丆丙丙申束束敕敕敕敕敕整整整整
整	整 整 整 整

yóu	丨口日由由由邮
邮	邮 邮 邮 邮

jú	㇆コ尸月局局局
局	局 局 局 局

piào	一丆丙丙两西西覀覀票票
票	票 票 票 票

duì	阝阝队队
队	队 队 队 队

Bàba Māma Ràng Wǒ Huí Jiā
爸爸妈妈让我回家

一 写拼音并组词 Write *Pinyin* for the following words and then make phrases

1. 四 _____ (   )　2. 里 _____ (   )　3. 九 _____ (   )

   思 _____ (   )　礼 _____ (   )　酒 _____ (   )

   死 _____ (   )　历 _____ (   )　旧 _____ (   )

二 根据拼音写词语并填空

Write words according to the *Pinyin* and choose the appropriate word to fill in the blank of the passage below

bì yè　yánjiūshēng　lìshǐ　gǎn xìngqù　zhuājǐn　fùxí

_______　___________　_______　___________　________　________

快放假了，有的学生准备去旅行，有的学生________时间________功课。因为________系的学生不太容易找工作，所以快________的学生决定考别的专业的________。只有（zhǐyǒu，only）对历史特别________的人，才会继续学习这个专业。

三 组词成句 Make sentences with the given words

1. 听说　冬天　美　风景　哈尔滨　的　极了

   ____

2. 打算　复习　我　在　功课　学校

   ____

3. 我　得　回　安排　一趟　时间　家

   ____

四 用指定词语完成对话 Complete the dialogues with the given words

1. A：你为什么来中国留学？

   B：____________________________________。（对……感兴趣）

2. A：有了男朋友以后，她觉得幸福吗？

   B：______________________________。（极了）

3. A：你为什么不去美国留学？

   B：______________________________。（让）

4. A：去一趟购物中心要多长时间？

   B：______________________________。（得）

5. A：我打算考清华大学的研究生。

   B：______________________________。（一定）

五 阅读 Reading

难忘的同屋

对留学生来说，很多人都想有一个好同屋。

我的第一个同屋是一个非常有趣（yǒuqù，funny）的人。他有很多朋友，大家都喜欢他。他的汉语说得不太好，但是他很会交（jiāo，to make）朋友，我想这和他的幽默（yōumò，humour）有很大的关系。

有一天，他和中国朋友打电话聊天儿的时候，想对朋友说“生日快乐”，不过他忘了怎么说。我小声告诉他以后，他大声说：“生日坏了。”他听错了！

刚到中国的时候，他不会说汉语。上完课以后他告诉朋友说：“今天我学了一些汉语生词。”然后他大声说：“认识你，很干净。”他又说错了！

后来（hòulái，later），他第一次和别人见面的时候，都说“认识你，很干净”。他觉得这是一个好办法，可以让他和别人很快成为（chéngwéi，to become）朋友。

回答问题 Answer the following questions

1. 我的同屋是个怎么样的人？
2. 有一天他打电话对中国朋友说了什么？
3. 他第一次和别人见面的时候说什么？

六 汉字练习 Chinese character exercises

1. 拆分汉字 Chinese character structure analysis

例：跑 pǎo →足（⻊）+包

（1）跳 tiào →

（2）路 lù →

（3）起 qǐ →

（4）趣 qù →

（5）趟 tàng →

2. 汉字书写练习 Write the following characters

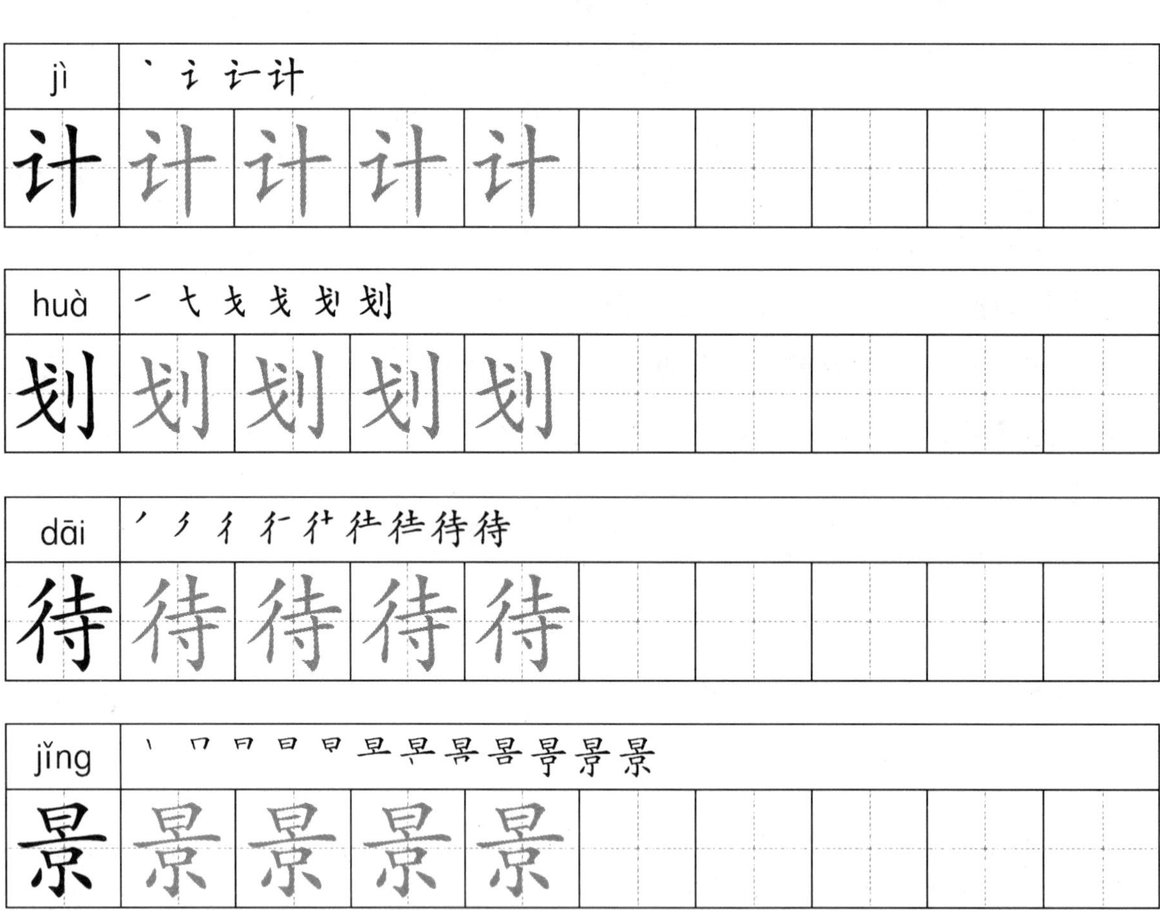

bì	一 ⺊ 𠤎 比 毕 毕
毕	毕 毕 毕 毕

zhuā	一 十 扌 扩 扩 扩 抓
抓	抓 抓 抓 抓

jǐn	丨 刂 刂 収 収 坚 坚 坚 紧 紧
紧	紧 紧 紧 紧

gǔ	一 十 十 古 古
古	古 古 古 古

lì	一 厂 万 历
历	历 历 历 历

shǐ	丶 口 口 史 史
史	史 史 史 史

qù	一 十 土 丰 丰 走 走 走 赴 趄 趄 趄 趄 趣 趣
趣	趣 趣 趣 趣

shòu	一 十 扌 扌 扌 扌 扌 扌 护 授 授
授	授 授 授 授

ràng	丶 讠 讠 计 让								
让	让	让	让	让					

yīng	丶 亠 广 广 庀 应 应								
应	应	应	应	应					

gāi	丶 讠 讠 讠 讠 访 访 该								
该	该	该	该	该					

niàn	丿 人 亼 今 今 念 念 念								
念	念	念	念	念					

tàng	一 十 土 キ キ 走 走 走 走 走 走 趟 趟 趟 趟								
趟	趟	趟	趟	趟					

28 Kǎo de Zěnmeyàng 考得怎么样

一 写拼音并组词 Write *Pinyin* for the following words and then make phrases

1. 见_____ (　　)　2. 教_____ (　　)　3. 姐_____ (　　)
   间_____ (　　)　　叫_____ (　　)　　介_____ (　　)
   简_____ (　　)　　交_____ (　　)　　借_____ (　　)
   件_____ (　　)　　饺_____ (　　)　　解_____ (　　)

二 根据拼音写词语并填空

Write words according to the *Pinyin* and choose the appropriate word to fill in the blank of the passage below

jǐnzhāng	bāngzhù	quèshí	jiějué	yuèdú	fāngfǎ	nán	biān
______	______	______	______	______	______	______	______

有些留学生觉得汉语________极了，他们看见汉字就________，考试的时候，常常没有时间做________题。为了________留学生学习汉字，老师们________了很多汉字故事书，介绍一些记汉字的好________。汉字________有点儿难，不过这些书可以________汉字难的问题。

三 组词成句 Make sentences with the given words

1. 有些　我们　不　课　考试　报告　写　只

____

2. 有　生词　个　两　写　怎么　忘　了

____

3. 我　一本　汉字　书　故事　留学生　编　给　的　有

____

四 用指定词语完成对话 Complete the dialogues with the given words

1. A：听说日本也使用汉字，是吗？

   B：是呀，____。（对……来说）

2. A：他今天怎么没来上课呀？

   B：____。（也许）

3. A：____？（V得）

   B：游得很好。

4. A：听说研究生的考试很难。

   B：____。（一定）

5. A：____？（都）

   B：也许都睡懒觉吧。

五 阅读 Reading

第一次看电影

五岁的时候，我第一次（dì yī cì，the first time）和父母一起去看电影。对我来说，那是一件大事，因为姐姐早就可以看电影了。我不知道看电影是什么，大人让我去看，就觉得高兴极了。

到了电影院，我看见每个人都有一张票（piào，ticket），进去的时候要给电影院的人看一下。我向爸爸要票，可是他说："你不需要票就可以进去。"我觉得非常不公平（gōngpíng，fair），为什么别人都有票？爸爸让我来看电影，可是为什么不给我票？我大声地哭了。爸爸没有办法，只好给我买了一张票。

回家以后，父母告诉我说小孩子不用买票，买票是要花钱的。五岁的我，不知道钱是什么，只知道自己应该和别人一样。

现在我已经长大了，是大学生了，可是过了这么多年，我还没忘这件事。

回答问题 Answer the following questions

1. "我"第一次看电影是什么时候？
2. "我"为什么大声哭？
3. "自己应该和别人一样"是指什么？

六 汉字练习 Chinese character exercises

1. 拆分汉字 Chinese character structure analysis

例：故 gù → 古 + 攵

（1）教 jiāo →

（2）效 xiào →

（3）改 gǎi →

（4）收 shōu →

（5）难 nán →

（6）欢 huān →

（7）劝 quàn →

2. 汉字书写练习 Write the following characters

wán	丶 丷 宀 宀 宀 宀 完								
完	完	完	完	完					

gào	丿 𠂉 𠂇 生 牛 告 告								
告	告	告	告	告					

sōng	一 十 才 木 木 杉 松 松								
松	松	松	松	松					

zhāng	乛 コ 弓 弓 弘 张 张								
张	张	张	张	张					

xiào	丶 亠 亠 六 㐬 交 交 效 效 效
效	效 效 效 效

wèi	丶 丿 为 为
为	为 为 为 为

gòu	丿 勹 勹 句 句 句 够 够 够 够 够
够	够 够 够 够

yuè	丶 丨 门 门 门 门 阅 阅 阅 阅
阅	阅 阅 阅 阅

dú	丶 讠 讠 讠 讠 讠 讠 读 读 读
读	读 读 读 读

nán	𠃌 又 对 对 对 对 难 难 难 难
难	难 难 难 难

màn	丶 丶 忄 忄 忄 忄 忄 忄 忄 忄 忄 忄 慢 慢
慢	慢 慢 慢 慢

què	一 丆 丆 石 石 石 矿 矿 硝 确 确 确
确	确 确 确 确

shí	丶 丷 宀 宀 宀 宀 宀 实
实	实 实 实 实

jì	丶 讠 订 订 记
记	记 记 记 记

biān	乙 幺 纟 纟 纩 纩 纩 纩 绵 编 编 编
编	编 编 编 编

gù	一 十 十 古 古 古 古 故 故
故	故 故 故 故

xǔ	丶 讠 讠 讠 讠 许
许	许 许 许 许

zhù	丨 冂 日 月 且 盯 助
助	助 助 助 助

dān	一 扌 扌 扌 扣 扣 担 担
担	担 担 担 担

jiě	丿 ⺈ 𠂊 角 角 角 角 角 角 角 解 解 解
解	解 解 解 解

Wǒmen Yǐjīng Mǎihǎo Piào le
我们已经买好票了

一 写拼音并组词 Write *Pinyin* for the following words and then make phrases

1. 到 _____ (　　)　2. 和 _____ (　　)　3. 方 _____ (　　)
   道 _____ (　　)　贺 _____ (　　)　放 _____ (　　)
   倒 _____ (　　)　喝 _____ (　　)　房 _____ (　　)

二 根据拼音写词语并填空

Write words according to the *Pinyin* and choose the appropriate word to fill in the blank of the passage below

yìngzuò　　huǒchē　　piào　　wòpù

________　________　______　______

在中国，________是比较重要的交通工具（gōngjù，tool）。人们出去旅行常常坐火车。坐火车最便宜的是________，但是不太舒服。________有两种：软（ruǎn，soft）卧和硬（yìng，hard）卧。软卧________比较贵，硬卧不太贵，也比较舒服。

三 组词成句 Make sentences with the given words

1. 我们　系　里　联欢　晚会　有　周六　这个

____

2. 参加　晚会　去　中国　的　学生　准备　东西　什么　要

____

3. 也许　你　让　会　节目　表演　一个

____

四 用指定词语完成对话 Complete the dialogues with the given words

1. A：你们考试考完了吗？

   B：________________________________。（终于）

2. A：你放假有什么打算？

   B：________________________________。（另外）

3. A：你们这次旅行玩儿得好吗？

   B：________________________________。（别提了）

4. A：明天的天气怎么样？

   B：________________________________。（可能）

5. A：________________________________？（V好）

   B：休息好了。

五 阅读 Reading

你最好和小狗商量商量

英国作家（zuòjiā，writer）萧伯纳（Xiāobónà，George Bernard Shaw, *a famous British writer*）收到一封信，信中说："您是我最喜欢的作家。最近我得到（dédào，to get）了一条小狗，我打算用您的名字给它起名（qǐ míng，to give a name），可以吗？"萧伯纳看了信以后，没有生气，写了一封回信："读了你的信，我觉得很有意思。你可以用我的名字，不过，你最好和你的小狗商量（shāngliang，to discuss）商量，看它同意不同意。"

回答问题 Answer the following questions

1. 萧伯纳是谁？
2. 他收到的信写了什么？
3. "你最好和你的小狗商量商量"，这句话是什么意思？

六 汉字练习 Chinese character exercises

1. 拆分汉字 Chinese character structure analysis

例：饭 fàn → 饣 + 反

（1）饺 jiǎo →

（2）馆 guǎn →

（3）饿 è →

（4）很 hěn →

（5）得 de →

（6）行 xíng →

2. 汉字书写练习 Write the following characters

shēng	一 十 士 声 声 声 声
声	声 声 声 声

qiān	丶 讠 讠 讠 讠 讠 讠 谦 谦 谦 谦 谦
谦	谦 谦 谦 谦

xū	丨 卜 卢 卢 卢 虍 虍 虚 虚 虚 虚
虚	虚 虚 虚 虚

huǒ	丶 丷 少 火
火	火 火 火 火

wò	一 丅 五 五 五 臣 臥 卧
卧	卧 卧 卧 卧

pù	丿 𠂉 𠂉 𠂉 钅 钅 钉 钔 钔 铺 铺 铺
铺	铺 铺 铺 铺

lìng	丨 冂 口 号 另
另	另 另 另 另

wài	丿 ク 夕 夕 外
外	外 外 外 外

yìng	一 丆 不 石 石 石一 矿 矿 砢 砢 硬 硬
硬	硬 硬 硬 硬

bǔ	丶 ラ 礻 礻 礻 礻 补
补	补 补 补 补

lián	一 丅 丌 丌 月 耳 耳 耳' 耳'' 耳'' 联 联
联	联 联 联 联

biǎo	一 二 丰 丰 声 表 表 表
表	表 表 表 表

yǎn	丶 丶丶 氵 氵 氵 沪 沪 沪 浐 涫 演 演 演 演
演	演 演 演 演

mù	丨 冂 月 月 目
目	目 目 目 目

Wǒ Yào Cānjiā Liánhuānhuì
我要参加联欢会

一 写拼音并组词 Write *Pinyin* for the following words and then make phrases

1. 书 _____ (　　)　2. 手 _____ (　　)　3. 六 _____ (　　)
熟 _____ (　　)　首 _____ (　　)　刘 _____ (　　)
束 _____ (　　)　收 _____ (　　)　留 _____ (　　)
舒 _____ (　　)　售 _____ (　　)　流 _____ (　　)

二 根据拼音写词语并填空

Write words according to the *Pinyin* and choose the appropriate word to fill in the blank of the passage below

liúxíng　gēcí　gēqǔ　hǎotīng　yǒumíng

_______　_______　_______　_______　_______

中国的流行________从 70 年代（niándài，age）开始。那时候，有一些很________的________歌手（gēshǒu，singer）。他们唱的歌很________，________也和以前的歌曲很不一样。现在流行歌曲非常多，大部分人都很喜欢听。

三 组词成句 Make sentences with the given words

1. 我　参加　联欢会　中国　的　学生　一个　明天　要

____

2. 我　没　准备　行李　还　呢　好

____

3. 我　我　不想　打算　唱　唱　一首　英文歌　中文歌

____

四 用指定词语完成对话 Complete the dialogues with the given words

1. A：你怎么这么忙啊？

   B：________________________________。（快……了）

2. A：你今天怎么没骑自行车？

   B：________________________________。（只好）

3. A：你觉得考得怎么样？

   B：________________________________。（可能）

4. A：那儿的风景怎么样？

   B：________________________________。（……极了）

5. A：他汉字写得怎么样？

   B：________________________________。（V＋得）

五 阅读 Reading

大卫的假期

大卫考试已经都考完了，他考得糟糕极了。对他来说，汉字太难了，他看得很慢，写得也很慢，所以考试的时候有两道题还没做完。但是，他已经不想考试的事儿了，现在他正在练习唱中国民歌，因为他要参加一个中国学生的联欢会，他希望自己的发音能标准一点儿。放假以后，大卫打算和朋友一起去哈尔滨旅行，火车票已经买好了。

回答问题 Answer the following questions

1. 大卫为什么考试考得不好？
2. 大卫现在很不高兴吗？
3. 大卫假期有什么打算？

六 汉字练习 Chinese character exercises

1. 根据偏旁组字 Write characters with the radicals given

（1）讠 →

（2）贝 →

(3) 艹 →

(4) 忄 →

(5) 扌 →

(6) 氵 →

2. 找出下面各字的偏旁　Write the radicals of the following characters

需______　懂______　熟______　悉______　糟______

铺______　卧______　虚______　联______　歌______

3. 汉字书写练习　Write the following characters

lǐ	一 十 才 木 杢 李 李
李	李 李 李 李

shí	一 亅 扌 扌 扑 扲 拎 拾 拾
拾	拾 拾 拾 拾

xū	一 ㄏ 冖 币 币 雨 雨 雨 雨 雨 雫 雫 需 需
需	需 需 需 需

yīng	一 十 廾 艹 艹 苎 英 英
英	英 英 英 英

shǒu	丶 丷 䒑 䒑 产 首 首 首 首
首	首 首 首 首

liú	丶 冫 氵 氵 汢 汢 浐 浐 流 流
流	流 流 流 流

qǔ	曲	曲	曲	曲	曲
mín	民	民	民	民	民
dǒng	懂	懂	懂	懂	懂
shú	熟	熟	熟	熟	熟
xī	悉	悉	悉	悉	悉
biāo	标	标	标	标	标
guāng	光	光	光	光	光
pán	盘	盘	盘	盘	盘

cì	丶 冫 冫' 冫ケ 冫欠 次								
次	次	次	次	次					

pà	丶 丶' 忄 忄' 忄ｒ 怕 怕 怕								
怕	怕	怕	怕	怕					

汉字索引 Index of Characters

学	xué	1
雪	xuě	11
Y		
呀	yā	17
研	yán	5
颜	yán	14
演	yǎn	29
样	yàng	10
药	yào	20
要	yào	9
钥	yào	7
爷	yé	10
也	yě	2
业	yè	5
夜	yè	19
一	yī	2
衣	yī	13
医	yī	20
宜	yí	14
已	yǐ	19
以	yǐ	12
译	yì	23
易	yì	14
意	yì	15
音	yīn	3
银	yín	13
应	yīng	27
英	yīng	30
迎	yíng	5
影	yǐng	7
硬	yìng	29
泳	yǒng	11
用	yòng	4
邮	yóu	26
游	yóu	11
友	yǒu	3
有	yǒu	5
又	yòu	16
右	yòu	4
于	yú	29
雨	yǔ	11
语	yǔ	3
园	yuán	8
员	yuán	9
院	yuàn	7
月	yuè	22
乐	yuè	3
阅	yuè	28
Z		
杂	zá	3
再	zài	9
在	zài	4
咱	zán	13
脏	zāng	14
糟	zāo	29
早	zǎo	6
怎	zěn	8
展	zhǎn	24
张	zhāng	28
着	zháo	23
找	zhǎo	24
照	zhào	10
这	zhè	3
真	zhēn	17
整	zhěng	26
正	zhèng	12
汁	zhī	17
知	zhī	4